Em Busca do Eu Interior

Osho

Em Busca do Eu Interior

Histórias e parábolas para aquecer seu coração

Tradução
Denise de Carvalho Rocha

Editora Cultrix
SÃO PAULO

Título original: *Earthen Lamps*.
Copyright © 1966, 2012 **OSHO** International Foundation, www.osho.com/copyrights.
Tradução do inglês das histórias e parábolas escritas por Osho – originalmente em hindi e publicada como *Mitti Ke Diye*.
Copyright da edição brasileira © 2019 Editora Pensamento-Cultrix Ltda.
1ª edição 2019.
O material que compõe este livro foi selecionado a partir de várias palestras dadas por Osho a uma plateia ao vivo. Todas as palestras de Osho foram publicadas na íntegra em forma de livro e também estão disponíveis em gravações originais. As gravações e os arquivos de textos completos podem ser encontrados na OSHO Library, em www.osho.com.

OSHO é uma marca registrada da **OSHO** International Foundation (www.osho.com/trademarks), usada com a devida permissão e licença.

Fotos: Cortesia da **OSHO** International Foundation.

Todos os direitos reservados. Nenhuma parte deste livro pode ser reproduzida ou usada de qualquer forma ou por qualquer meio, eletrônico ou mecânico, inclusive fotocópias, gravações ou sistema de armazenamento em banco de dados, sem permissão por escrito, exceto nos casos de trechos curtos citados em resenhas críticas ou artigos de revistas.

A Editora Cultrix não se responsabiliza por eventuais mudanças ocorridas nos endereços convencionais ou eletrônicos citados neste livro.

Editor: Adilson Silva Ramachandra
Editora de texto: Denise de Carvalho Rocha
Gerente editorial: Roseli de S. Ferraz
Produção editorial: Indiara Faria Kayo
Editoração eletrônica: Join Bureau
Revisão: Vivian Miwa Matsushita

Dados Internacionais de Catalogação na Publicação (CIP)
(Câmara Brasileira do Livro, SP, Brasil)

Osho, 1931-1990
  Em busca do eu interior: histórias e parábolas para aquecer seu coração / Osho; tradução Denise de Carvalho Rocha. – São Paulo: Cultrix, 2019.
  Título original: Earthen lamps
  ISBN 978-85-316-1492-7

  1. Osho – Ensinamentos 2. Vida espiritual I. Título.

19-24533 CDD-299.93

Índices para catálogo sistemático:
1. Osho : Filosofia mística 299.93
Cibele Maria Dias – Bibliotecária – CRB-8/9427

Direitos de tradução para o Brasil adquiridos com exclusividade pela
EDITORA PENSAMENTO-CULTRIX LTDA., que se reserva a
propriedade literária desta tradução.
Rua Dr. Mário Vicente, 368 – 04270-000 – São Paulo – SP
Fone: (11) 2066-9000
http://www.editorapensamento.com.br
E-mail: atendimento@editorapensamento.com.br
Foi feito o depósito legal.

Sumário

Introdução por Osho	7
Prefácio	9
60 Parábolas e Histórias	11
Sobre **OSHO**	220
OSHO International Meditation Resort	222
Para mais informações	224

Introdução

Introdução por Osho à edição de 1971

O que eu vejo quando olho a fundo o ser humano? Vejo que esse ser humano também é uma lamparina de barro! Mas ele não é apenas uma lamparina feita de barro; nele há também uma chama que está constantemente se elevando em direção ao sol. Somente seu corpo é feito de barro, sua alma é essa mesma chama. Mas quem esquece essa ascendente flama de luz continua sendo apenas barro. Para de se elevar. E, se não há elevação, não há vida.

Meu amigo, olhe para dentro. Livre-se de toda a fumaça em sua mente e veja essa chama da consciência. Erga sua visão para além do que é mortal em você e reconheça o imortal. Não há nada mais precioso do que reconhecer isso, pois com esse reconhecimento o animal em você vai morrer e nascerá a divindade.

Prefácio

A parábola é uma maneira de dizer as coisas de forma indireta. A verdade não é algo que se afirme diretamente. Isso é muito violento, muito agressivo, muito masculino. A verdade só pode ser dita de forma muito indireta. Pode ser sugerida, indicada. Você não pode ser convencido da verdade, só pode ser persuadido.

E o mestre é aquele que não vai convencê-lo da verdade, mas aquele que vai seduzi-lo a ver a verdade. As parábolas são muito sedutoras. Mesmo aqueles que não estavam buscando nenhuma verdade podem ser surpreendidos de repente por uma parábola: algo pode subitamente ficar acessível a eles.

As pessoas gostam de histórias. E as histórias tendem a ficar dando voltas na sua consciência. É difícil esquecê-las, é muito fácil se lembrar delas. Elas têm um jeito de alcançar o cerne mais profundo do seu ser.

Osho

60 Parábolas e Histórias

1   A música do mar

Ouvi uma história:

Milhares de anos atrás, uma cidade que tinha muitos templos dedicados aos deuses submergiu no mar.

Os sinos daqueles templos submersos ainda estão tocando. Pode ser que as marés façam com que toquem, ou talvez eles continuem tocando porque os peixes se chocam contra eles enquanto nadam daqui e dali. Mas seja qual for o motivo, os sinos ainda tocam e, até hoje, sua doce música pode ser ouvida da praia.

Eu também queria ouvir essa música, então saí em busca dessa praia. Depois de vários anos vagando, finalmente encontrei. Mas tudo o que pude ouvir foi o barulho do mar. O som das ondas se quebrando nas rochas ressoava o tempo todo naquele lugar solitário, mas não havia nem música nem sinos de templos tocando. Fiquei ouvindo atentamente, mas da costa nada podia ser ouvido, exceto o som das ondas se quebrando.

Mesmo assim, esperei ali. Na verdade, eu tinha me esquecido do caminho de volta e, então, aquela costa desconhecida e solitária parecia destinada a testemunhar o final da minha vida. E, pouco a pouco, até o pensamento de ouvir os sinos desapareceu. Eu me deitei na praia.

Então, uma noite, de repente ouvi os sinos dos templos submersos tocando, e sua doce música começou a encher a minha vida de alegria.

Ao ouvir a música, acordei do sono e, desde então, não tenho conseguido dormir. Agora, alguém está constantemente acordado dentro de mim, o sono desapareceu para sempre e minha vida se encheu de luz, porque, se não há sono, não há escuridão.

E estou feliz. Na verdade, eu me tornei a encarnação da felicidade, porque como pode existir tristeza quando se pode ouvir a música do templo de Deus?

Você também quer ir a essa praia? Também quer ouvir a música desses templos submersos? Então vamos, mergulhemos dentro de nós. O coração é o mar e em suas profundezas encontra-se a cidade dos templos submersos.

Mas só aqueles que estão serenos e vigilantes, em todos os sentidos, serão capazes de ouvir a música desses templos. Como essa música pode ser ouvida em meio aos ruidosos conflitos do pensamento e do desejo? Quando o desejo de ouvir essa música se tornar um obstáculo para se descobri-la.

2 A vida é o que fazemos dela

Numa noite escura, eu fitava as estrelas no céu. Toda a cidade estava adormecida e eu sentia muita compaixão daquelas almas que dormiam: depois do trabalho árduo de um dia, esses pobres camaradas deviam estar sonhando com a realização dos seus desejos não satisfeitos. Nos sonhos, eles viviam e, nos sonhos, eles dormiam. Não viam nem o sol nem a lua nem as estrelas. Na verdade, os olhos que veem sonhos não podem ver o que de fato existe. É absolutamente essencial que a poeira dos sonhos se disperse para que a verdade se mostre.

À medida que se aprofundava a escuridão da noite, aumentavam as estrelas no céu. Aos poucos, todo o céu ficou repleto da sua luz cintilante. E não só o céu, eu também me sentia preenchido com a sua beleza silenciosa.

O céu da nossa alma não fica cheio de estrelas quando as contemplamos no céu? A verdade é que o ser humano fica repleto do que vê.

A pessoa que vê pequenez, é preenchida pela pequenez; aquela que vê grandiosidade, fica repleta dessa grandiosidade. Nossos olhos são os portais da nossa alma.

Sentado contra uma árvore, eu simplesmente estava embevecido do céu quando por trás de mim alguém colocou a sua mão fria e morta no meu ombro. Também pude ouvir o som dos seus passos. Não eram passos de um ser vivo, e sua mão estava tão sem vida que, mesmo na escuridão, não demorei a captar os pensamentos por trás dos seus olhos. Esse contato com seu corpo trouxe para mim até as aragens da sua mente. Aquela pessoa estava viva, ela era jovem, mas a vida a deixara havia muito tempo, e a juventude talvez nunca tivesse se feito presente em sua vida.

Ambos nos sentamos sob as estrelas. Peguei suas mãos sem vida entre as minhas para deixá-las um pouco mais aquecidas e o calor da minha vida também pudesse fluir para a desse alguém. Ele estava sozinho, mas talvez o amor pudesse trazê-lo de volta à vida.

Sem dúvida, não era o momento de falar, portanto fiquei em silêncio. Às vezes, o coração encontra mais proximidade no silêncio, e as feridas que as palavras não curam podem ser cicatrizadas – o silêncio pode curá-las também. Palavras e barulhos são uma perturbação e um obstáculo para a compreensão da música como um todo.

Era uma noite quieta e serena. A música do silêncio envolvia a nós dois. Ele não era mais um desconhecido para mim; eu estava lá, com ele. Então sua rígida mudez teve fim e ele se desfez em lágrimas. Ele soluçava, todo o seu corpo estremecia. As torrentes de lágrimas do que soluçava em seu coração tocavam cada fibra do seu corpo. Ele continuou chorando, chorando, chorando e depois disse: "Quero morrer. Estou extremamente pobre e sem esperança. Não tenho absolutamente nada".

Permaneci em silêncio por algum tempo e depois brandamente lhe disse que me lembrava de uma história...

Um jovem disse a um místico: "A existência tirou tudo de mim. Não tenho escolha senão a morte".

Perguntei-lhe se ele não seria aquele mesmo jovem.

O místico disse ao jovem: "Vejo um grande tesouro escondido dentro de você. Não vai vendê-lo? Se fizer isso, ficará com tudo e também poupará a existência de uma péssima reputação".

Novamente, perguntei se ele não seria aquele mesmo jovem. Eu não tinha certeza, mas eu era aquele mesmo místico e parecia que a história estava se repetindo.

O jovem da história ficou surpreso.

E talvez o jovem com quem eu falava também tenha se surpreendido.

Ele disse: "Tesouro? Não tenho nem centavo em meu nome".

Então, o místico começou a rir e disse: "Venha. Vamos consultar o rei. Ele é muito inteligente. E tem um olhar aguçado para identificar tesouros ocultos. Certamente vai comprar o seu. Já levei até ele, no passado, muitos que queriam vender tesouros escondidos".

O jovem não conseguia entender. Para ele tudo o que o místico estava dizendo era muito enigmático. Mas, mesmo assim, partiu com ele para o palácio do rei.

No caminho, o místico disse: "Algumas coisas precisam ser estabelecidas de antemão para que não haja discussão diante do rei. Esse rei é alguém que não se recusa a comprar nada do que gosta, custe o que custar. Portanto, é importante saber se você está pronto para vender essas coisas ou não".

O jovem disse: "Que tesouro? Que coisas?"

O místico disse: "Por exemplo, os seus olhos? Quanto vai cobrar por eles? Eu posso convencer o rei a pagar até cinquenta mil rupias por eles. É suficiente? Ou o seu coração e a sua mente? Por eles, você pode conseguir até umas cem mil rupias cada".

O jovem ficou surpreso; ele achou que o místico estava ficando louco. Perguntou: "Você enlouqueceu? Olhos? Coração? Mente? Do que está falando? Não posso vendê-los por preço nenhum. E não só eu, ninguém pode!"

O místico começou a rir e disse: "Estou ficando louco ou é você que está? Se você tem tantas coisas valiosas que não pode vender nem por centenas de milhares de rupias, por que está fingindo ser tão pobre? Pois use essas coisas. A arca do tesouro quando não é usada fica vazia mesmo quando cheia, e a arca do tesouro quando é usada fica cheia mesmo quando está vazia. A existência nos dá tesouros, imensos tesouros, mas temos de buscá-los e desenterrá-los nós mesmos. Não existe riqueza maior do que a própria vida e a pessoa que não reconhece isso não encontrará riqueza em nenhum outro lugar".

Já passava da meia-noite. Levantei-me e disse ao jovem: "Vá, vá dormir, e amanhã acorde um homem diferente. A vida é o que fazemos dela. É a nossa própria criação. Podemos fazer dela algo morto ou podemos fazer dela algo eterno – a escolha é nossa. E isso não depende de ninguém, exceto de nós mesmos. E a morte virá por conta própria; nem é preciso convidá-la".

Convide a vida. Convide a iluminação. E isso você só vai conseguir através do trabalho árduo, do esforço, da determinação e da dedicação constante.

3 Renuncie à renúncia

Um rei ficou muito famoso. A notícia do seu espírito de caridade se espalhou por todo o reino. Sua humildade, abnegação, simplicidade e pureza eram louvadas por todos, e o resultado foi que seu ego não conhecia limites. Ele estava tão longe da divindade quanto qualquer homem poderia estar.

Como é fácil se elevar aos olhos do homem, mas como é difícil estar próximo à existência! E quem deseja se elevar aos olhos dos homens invariavelmente cai aos olhos da existência, porque esse homem é justamente o oposto por dentro do que parece por fora. Pois os olhos físicos do homem não conseguem ver a fundo quanto é fácil uma pessoa cair no autoengano.

Mas será que a percepção de uma pessoa pode atingir tal profundidade? No final, de nada vale a imagem que ele cria de si mesmo aos olhos dos outros homens. O que vale é a imagem que se forma diante dos seus próprios olhos interiores. Essa mesma imagem, em sua total nudez, também se reflete no espelho da existência. Por fim, o que uma pessoa vê em si mesma torna-se o mesmo que se mostra diante da existência.

A fama do rei continuava a aumentar, mas sua alma estava afundando. Sua fama continuava a se espalhar enquanto sua alma continuava minguando. Seus ramos se espalhavam, mas suas raízes estavam ficando fracas.

Ele tinha um amigo. Esse amigo era, naquela época, Kubera, o senhor das riquezas. Assim como os rios e os afluentes deságuam no oceano, os fluxos de riqueza desaguavam no baú dos seus tesouros. Ele era totalmente diferente do seu amigo, o rei. Não dava um centavo em nome da caridade. Era um homem infame.

O rei e o homem rico ficaram velhos. Um estava cheio de ego e o outro, de remorso. Um estava cheio de orgulho, enquanto o outro tinha a alma espicaçada pelo remorso. À medida que a morte se aproximava, o rei ficava mais forte em seu ego. Era algo a que se apegar. Mas o remorso do homem rico, por fim, se tornou uma revolução dentro dele. O *seu* ego não poderia mais ser um apoio. Ele precisou desistir dele.

Mas lembremos que o remorso é o outro lado do orgulho, e portanto também é muito difícil deixá-lo para trás. Muitas vezes, quando o remorso vira do avesso, torna-se orgulho. Por essa mesma razão, os que buscam o prazer tornam-se santos, os gananciosos tornam-se caridosos e os cruéis se enchem de piedade. Mas, basicamente, não ocorre revolução nenhuma em suas almas.

Esse homem rico procurou um mestre. E disse a ele: "Estou muito perturbado. Um fogo me queima por dentro. Eu preciso de paz".

O mestre perguntou: "Você não consegue encontrar paz com tanta riqueza, fama, poder e capacidade?"

Ele disse: "Não. Cheguei à conclusão de que não existe paz na riqueza". O mestre respondeu: "Então, vá e devolva tudo o que você pegou daqueles de quem arrancou. Depois volte a me procurar. Venha depois que se tornar um homem simples e pobre".

O homem rico fez isso. Quando voltou, o mestre perguntou: "O que foi agora?"

O homem disse: "Agora não tenho nenhum outro amparo a não ser você".

Mas aquele mestre era muito estranho; pode-se dizer que era louco. Enxotou o pobre homem rico da sua cabana e fechou a porta. A noite estava escura e a floresta, solitária. Não havia nenhum outro abrigo na floresta a não ser aquela cabana.

O homem rico achou que ele seria recepcionado depois de fazer algo de grandioso, mas que boas-vindas recebeu? Que recepção foi aquela?

Ele tinha descoberto que o acúmulo de riqueza era inútil, mas que a renúncia à riqueza também era um desperdício!

Naquela noite ele dormiu debaixo de uma árvore, sem ninguém que o amparasse. Agora ele não tinha nenhum tipo de apoio, estava sem amigos, sem lar. Não tinha riqueza nem poder, nem bens nem renúncia. Mas, quando acordou pela manhã, descobriu que estava imerso numa paz indescritível. Uma mente que não recebe nenhum apoio encontra o apoio da existência sem dificuldade.

Ele correu para se jogar aos pés do mestre, mas em vez disso o mestre caiu aos seus pés. O mestre o abraçou e disse: "É fácil abrir mão da riqueza, mais difícil é renunciar à renúncia. Mas só aquele que consegue renunciar à renúncia pode realmente abrir mão da riqueza.

É fácil renunciar ao mundo, mais difícil é desistir de um mestre. Mas aquele que também consegue desistir de um mestre consegue encontrar o grande mestre. Seja o apoio da riqueza ou da renúncia, do remorso ou do orgulho, do mundo ou da santidade – na verdade, seja o apoio que for – será sempre um obstáculo para chegar à divindade.

"Tão logo os outros apoios deixem de existir, o apoio supremo é encontrado. Enquanto estiver buscando apoio na riqueza ou na religião, enquanto estiver buscando um apoio, só estarei tentando proteger meu ego. Tão logo abandono esse apoio, tão logo me vejo desamparado e desprotegido, a mente submerge na existência básica do eu. Isso é paz, isso é salvação, é nirvana. Você quer descobrir outra coisa?"

O homem, que até então não era um mestre nem da riqueza nem da pobreza, disse: "Não. O próprio pensamento de possuir foi um erro. Eu estava perdido justamente por causa disso. Tudo que era preciso encontrar já tinha sido encontrado. Foi apenas na corrida para possuir que perdi o que nunca é perdido e é sempre encontrado. Agora não quero nem paz e nem mesmo o nirvana. Eu não existo, e o que existe é paz, divindade e salvação".

4 O que é uma mente religiosa?

Eu estava sentado com um grupo de homens idosos. Todos eram aposentados e estavam batendo papo, sem muito compromisso, sobre este mundo e o outro. Diziam que estavam discutindo religião.

De certa forma, isso era verdade, porque aquilo que chamamos de escrituras também está cheio desse mesmo tipo de tagarelice inútil. Às vezes, tenho a sensação de que as chamadas escrituras foram criadas por esses mesmos velhos.

A religião não é outra coisa senão a própria vida. Mas que ligação isso tem com teorias inúteis? A religião nada mais é do que a descoberta do nosso verdadeiro eu. Mas que ligação isso tem com uma tagarelice inútil?

Mas as escrituras estão cheias de palavras, e a mente das pessoas supostamente religiosas continua se aventurando até o céu em seus sonhos. As escrituras dessas pessoas e seus ensinamentos não permitem que a verdadeira religião entre na mente delas.

O que é uma mente religiosa?

Minha definição de mente religiosa é uma mente livre de todo tipo de palavra, ensinamento e pensamento. Uma mente religiosa não é uma mente imaginativa. Pelo contrário, não existe outro tipo de entendimento que seja mais mundano e mais se fundamente na base sólida da verdade.

Enquanto eu estava ali, apreciando ouvir a conversa dos velhos, chegou um santo. Naquele momento, eles estavam discutindo como o ser humano obtém a salvação: que tipos de esforço são necessários, quantas vidas são necessárias. O santo entrou na discussão – sem dúvida, ele, mais do que ninguém ali, tinha o direito de dar opinião e, portanto, sua voz era a mais alta.

Cada pessoa ali tinha se apoiado nas escrituras para dar sua opinião, mas ninguém estava preparado para ouvir ou aceitar as ideias das outras pessoas. Um dos velhos achava que só se conseguia a salvação depois de muita penitência, ao longo de centenas de vidas. Outro achava que isso não era absolutamente necessário, pois a libertação vinha unicamente através da graça de Deus. Um terceiro dizia que a questão da superação do desmerecimento por meio da penitência não vinha ao caso, visto que nosso estado de não merecimento é uma ilusão: bastava um vislumbre da verdadeira compreensão para que ele simplesmente desaparecesse, assim como a serpente imaginária que confundimos com uma corda.

Então, alguém me perguntou: "O que você acha?"

O que eu poderia dizer? Eu tinha me escondido num canto para não correr o risco de ser visto. Não conhecia as escrituras na época, felizmente não tinha cometido o erro de seguir por esse caminho.

Sendo assim, mesmo quando me perguntaram, fiquei calado. Mas, logo depois, alguém me perguntou de novo: "Por que você não diz nada?" Mas o que eu poderia dizer, mesmo se quisesse? Enquanto todos falavam, eu era o único que estava ouvindo. Mesmo assim, eu me mantive quieto. Talvez meu próprio silêncio tenha começado a falar por mim; porque a atenção de todos acabou se voltando para a minha pessoa. Talvez estivessem todos cansados e quisessem descansar.

Fui colocado na berlinda e tive que dizer alguma coisa. Então contei a eles uma história:

Numa determinada aldeia, as famílias tinham o costume de gastar pelo menos cinco mil rupias na cerimônia de casamento, quando um jovem se casava. A aldeia era muito rica e nenhum casamento era realizado ali por menos do que isso. Esse costume constava até mesmo nas escrituras da aldeia. Ninguém tinha lido essas escrituras, mas era isso o que dizia o padre daquela aldeia. E quem poderia questionar o padre? As escrituras tinham sido redigidas em algum dialeto local do passado e ele sabia cada passagem de cor – e as escrituras sempre tinham sido consideradas irrefutáveis e inquestionáveis. O que elas contêm é a verdade. Que autoridade poderia ser maior do que essa quando se tratava da verdade? Se alguma coisa está nas escrituras isso é uma garantia de que é verdadeira.

Mas, numa ocasião, aconteceu de um jovem e sua noiva realizarem seu casamento com apenas quinhentas rupias. Com certeza, esse jovem devia ser um revolucionário, caso contrário, como poderia ter feito isso? Os aldeões lhe perguntaram: "Quantas rupias você gastou?"

Ele respondeu: "Quinhentas".

Então o grupo de anciãos da aldeia foi convocado e informou ao jovem: "Isso está absolutamente errado; não se pode realizar um casamento sem gastar cinco mil rupias".

O jovem riu deles e disse: "Se um casamento pode ou não pode ser realizado com quinhentas rupias, isso não tem importância nenhuma para mim. Vocês podem continuar aí discutindo. Eu me casei e estou feliz".

Depois de dizer isso, o jovem voltou para casa.

Eu também me levantei e disse àqueles homens idosos: "Adeus, meus amigos. Continuem com as suas discussões. Agora vou andando".

5 O medo não tem templos

O ser humano está totalmente sozinho, ele está na escuridão. Está sem amparo, se sente inseguro e temeroso. Essa solidão é a sua preocupação.

A religião é maneira de ele se livrar desse medo. Ela é basicamente o processo de se tornar destemido. Mas as religiões – "religiões" só no nome – têm muito medo do destemor. O apoio que oferecem e a própria existência dessas religiões dependem de que haja medo no coração dos homens. O próprio medo é o seu alimento e seu sangue. Um clima de destemor anunciaria o fim das religiões e do seu meio de subsistência.

O medo do homem é algo muito explorado. As religiões não ficaram para trás nessa exploração; talvez a tenham até liderado. É só com o respaldo do medo que os seres sobrenaturais podem existir e é só com o respaldo do medo que os deuses das religiões existem. As superstições e os seres sobrenaturais assustadores só intimidavam o homem, mas nunca passaram de brincadeira de criança. Mas um "deus" baseado no medo matou o homem completamente; essa brincadeira custou um preço muito alto.

A vida ficou enredada nas teias do medo. Como pode haver felicidade se só existe medo e mais medo? Como pode haver amor? Como pode haver paz? Como pode haver verdade? A felicidade é o resultado do destemor. O medo é a morte; o destemor é a vida eterna.

Essas superstições prosperarem no nosso medo é algo compreensível, mas esse Deus também precisar viver do medo é algo totalmente errado. E se Deus é baseado no medo, então não haverá maneira de as pessoas saírem das garras dessas superstições.

Eu digo que Deus, a divindade, não tem nada a ver com o medo. Sob o disfarce de Deus, certamente alguém está explorando esse medo. A religião não está nas mãos das pessoas religiosas. Dizem que, sempre que a verdade é descoberta, Satanás é o primeiro a se apossar dela. As pessoas que apresentam e organizam a religião não apenas se opõem à verdade, como são basicamente contrárias a ela. A religião sempre esteve nas mãos dos inimigos da verdade, e, se esse fato não for reconhecido a tempo, o futuro da humanidade não será nada bom, nem valerá a pena.

É preciso salvar a religião não das pessoas irreligiosas, mas dos chamados religiosos. E sem dúvida essa é a tarefa mais difícil e mais problemática.

Enquanto a religião for baseada no medo, ela não pode ser uma religião de verdade. A base da divindade é o amor; ela não tem nada a ver com o medo. O ser humano precisa do deus do amor; não há outro caminho para a divindade que não seja o amor. O medo não só é um erro, como também é um assassino – porque onde há medo, existe o ódio e, portanto, onde há medo, o amor não é possível.

A religião prosperou no medo e, dessa forma, seus templos foram lentamente destruídos. Os templos são para o amor; não podem existir templos do medo. O medo não tem templos; tem apenas prisões.

Eu pergunto: os templos religiosos são templos ou prisões? Se a religião é baseada no medo, então os templos são prisões. Se a religião se baseia no medo, o próprio Deus não pode ser mais do que o chefe dos carcereiros da prisão.

O que é a religião? É o medo do pecado, do castigo, do inferno? Ou é ganância, praticar boas ações em troca de recompensas celestiais? Nada disso. A religião não é nem medo nem ganância. A ganância é simplesmente uma extensão do medo. Religião é destemor. Religião é liberdade de todos os medos.

Aconteceu há muito tempo...

Dois irmãos moravam numa pequena cidade. Eram as pessoas mais ricas da cidade. Talvez o nome dessa cidade fosse "Cidade das Trevas".

O irmão mais velho era muito religioso. Todos os dias, ia ao templo. Doava dinheiro a instituições de caridade e fazia boas ações. Ouvia pregações e discussões sobre religião. Sentava-se na companhia de santos e pessoas respeitáveis. Por causa dele, os santos se reuniam diariamente em sua casa.

Por causa de toda a atenção que dava a Deus e aos santos, ele se achava no direito de ir para o céu na vida após a morte. Os homens de bem e os santos tinham lhe explicado que as escrituras confirmavam isso – escrituras compiladas por homens de bem e santos assim como eles. Por um lado, ele explorava as pessoas e acumulava riquezas e, por outro, dava dinheiro a instituições de caridade e praticava boas ações. Ninguém vai para o céu sem as instituições de caridade. Não há riqueza sem exploração. A riqueza deriva do oposto da religiosidade e as religiões dependem da riqueza. Esse homem explorava as pessoas e os homens respeitáveis e os santos o exploravam. Os exploradores sempre travaram grandes amizades uns com os outros.

Mas o irmão mais velho sempre teve pena do mais novo, que não era bom em acumular riquezas e, consequentemente, também era incapaz de acumular religião. Seu comportamento cheio de amor e verdade era um empecilho para que chegasse a Deus. Ele não ia ao templo nem conhecia o bê-á-bá das escrituras. A situação desse homem era certamente digna de pena, e seu saldo bancário no outro mundo estava negativo.

O irmão mais novo costumava evitar os santos e homens respeitáveis, assim como se evita uma doença contagiosa. Quando os santos entravam na sua casa por uma porta, ele saía pela outra. O irmão religioso costumava pedir aos santos que promovessem uma mudança no coração do seu irmão sem religião. Mas tal mudança só poderia acontecer se ele permanecesse na presença desses santos, o que não acontecia.

Um dia, no entanto, um homem considerado santo, muito bem experimentado, chegou à casa deles. Ninguém sabia quantas pessoas sem religião ele já havia convertido. Era bem versado nas teorias da paz, da persuasão, da ameaça e da divisão. A profissão dele era converter pessoas.

Os alicerces das religiões se assentam sobre esse tipo de santo. Do contrário, as religiões já teriam desaparecido há muito tempo.

Quando o irmão mais velho repetiu seu pedido de ajuda a esse santo, o santo respondeu: "Não se preocupe. Esse tolo agora vai se ver em maus lençóis. Vou fazer com que ele se lembre de Deus. E o que eu prometo, sempre cumpro".

Então, dizendo isso, pegou seu cajado e acompanhou o irmão mais velho. Ele tinha sido lutador no passado, mas depois, descobrindo que a santidade era uma profissão muito melhor que a luta livre, tornou-se santo. Assim que entraram, o santo abordou o irmão mais novo. Não só o abordou, como também o derrubou no chão e sentou-se sobre o peito dele. O jovem não conseguia entender o que estava acontecendo, mas, embora a surpresa o tivesse deixado sem fala, conseguiu balbuciar: "Senhor, o que está acontecendo?"

O santo respondeu: "Uma mudança de coração!"

O jovem riu e disse: "Por favor, saia de cima mim. É desse jeito que se muda o coração de uma pessoa? Por favor, tome cuidado; você pode me machucar".

O santo disse: "Não acreditamos no corpo. Acreditamos em Deus. Apenas diga 'Ram' e eu o deixarei em paz. Caso contrário, você vai descobrir que não há ninguém pior do que eu".

O santo era um homem muito generoso e, portanto, pelo bem do jovem, chegou ao ponto de batê-lo. O jovem disse: "Qual é a relação entre o medo e Deus? E Deus tem um nome? Nem vivo nem morto vou dizer 'Ram' enquanto estiver sendo tratado assim!" E então o jovem empurrou o santo para longe.

Quando caiu, o santo gritou: "Maravilha! Maravilha! Você já disse o necessário! Mesmo dizendo 'não direi Ram', já pronunciou o nome dele".

O irmão mais velho ficou muito irritado porque ele tinha empurrado o santo, mas ficou absolutamente encantado com o modo como o santo tratara a questão. Ele tinha feito o irmão ateu pronunciar o nome de Deus. A glória do nome de Ram é tão grande que pronunciar seu nome, mesmo por engano, leva a pessoa para além do oceano desta vida. Naquele dia, ele organizou uma festa para toda a cidade. Afinal, o irmão mais novo tinha se tornado um homem religioso!

6 A linguagem do diabo

Os adoradores de um determinado deus tinham quebrado os ídolos de outro deus. Na verdade, isso não é novidade. Está sempre acontecendo. Não só homens rivalizam-se uns com os outros, mas até os deuses são rivais. Na verdade, os deuses que os homens criam não podem ser muito diferentes deles. Um templo se opõe a outro porque um homem se opõe a outro. Uma escritura é inimiga de outra porque um homem é inimigo de outro.

O ser humano é como sua religião; sua situação é a mesma que a dos seus deuses. Em vez de promover a amizade, as religiões tornaram-se instrumentos de rivalidade, e, em vez de encher o mundo de amor, elas o contaminaram com o veneno da inimizade e da discórdia.

Eu tinha acabado de voltar de viagem e de ouvir as notícias sobre a quebra desses ídolos, quando alguns dos adoradores desses ídolos quebrados vieram me procurar. Eles estavam, com razão, cheios de raiva. Embora nenhuma raiva possa ser boa, eles disseram mesmo assim que essa raiva era justificada e que não descansariam até que pudessem destruir os templos dos seus oponentes. Era uma questão de "salvar a religião deles".

Quando comecei a rir, eles ficaram surpresos. Isso era hora de rir? Eles estavam mortalmente sérios e, aos olhos deles, o que poderia ser mais grave do que essa ameaça à sua religião?

Perguntei a esses amigos: "Vocês entendem a linguagem do Diabo?"

Um deles perguntou: "Que linguagem é essa?"

Eles entendiam a linguagem das escrituras, mas não a do diabo – mesmo sem compreender a linguagem do diabo, as próprias escrituras tornam-se as escrituras dele.

Eu contei a eles uma história...

Um barco estava viajando para uma terra distante. Entre os que estavam a bordo, havia um pobre monge. Algumas pessoas perversas ficavam provocando o monge de todas as maneiras. Enquanto ele orava à noite, elas acharam que ele não conseguiria se proteger e então começaram a bater na cabeça dele com seus sapatos. Ele estava orando com devoção e lágrimas de amor caíam de seus olhos.

Então uma voz veio do céu: "Amado, você só precisa pedir e eu farei esse barco virar".

As pessoas que provocavam o monge ficaram nervosas e os outros viajantes também começaram a se preocupar. O passatempo delas estava se tornando muito perigoso. Elas caíram aos pés do monge e começaram a pedir perdão.

Quando as orações do monge terminaram, ele se levantou e falou para elas: "Não se preocupem". Então levantou o rosto para o céu e disse: "Querido Deus, que linguagem do Diabo é essa em que você estava falando? Se quer brincar de virar alguma coisa, vire a compreensão dessas pessoas. Para que virar o barco?"

Novamente, uma voz veio do céu, dizendo: "Estou muito satisfeito. Você tem toda a razão. A voz anterior não era minha. Somente aquele que sabe reconhecer a voz do diabo também é capaz de reconhecer a minha voz".

7 Coragem

Qual é o fator mais essencial na busca da verdade?
Eu digo coragem: a coragem de descobrir o eu autêntico. Conhecer a si mesmo, assim como se é, é a coisa mais essencial do mundo. É muito difícil, mas sem isso não se pode compreender a verdade.

Quer dificuldade maior do que se conhecer, sem nenhum véu, na mais absoluta nudez? Mas esse é o preço que é preciso pagar para se chegar à verdade. Só a partir daí nasce no ser humano o anseio pela verdade.

Ser fiel ao eu é, por si só, a manifestação de uma sede intensa pela verdade. Como alguém que atraca nas praias da mentira pode remar no seu barco pelo oceano da verdade? As praias da mentira terão de ser deixadas para trás. Essas mesmas praias são um obstáculo à jornada para a verdade. Essas mesmas praias são a escravidão. Sim, há segurança nessas praias, mas é esse desejo por segurança que é o baluarte da mentira.

Em nossa jornada em direção à verdade, não pode haver amor pela segurança. Além disso, é preciso que haja uma coragem inabalável para se aventurar pelo desconhecido. Aquele que não tem a coragem de ficar inseguro não pode descobrir o desconhecido. Sem aceitar o desafio de ficar inseguro, ninguém pode jogar fora seus disfarces e falsas máscaras, nem pode ficar livre das convicções que adotou para se manter seguro.

Não é por causa da segurança que deixamos de nos apresentar como somos? Não são todos esses enganos apenas estratégias para nos sentirmos seguros? E o que são nossas civilizações e culturas? O orgulhoso parece humilde, o ganancioso se passa por alguém que renuncia, o explorador se dedica à caridade, o assassino defende a retórica da paz e as mentes cheias de ódio falam a linguagem do amor.

Essa autoilusão é muito fácil. Quando fazer drama foi difícil? No mercado do luxo, os brinquedos mais cobiçados sempre foram vendidos a preços baixos. Mas lembre-se: uma aparente pechincha pode ter um alto preço no longo prazo, porque aquele que se esconde atrás de tais brinquedos fica cada vez mais longe da realidade. Um abismo intransponível é criado entre a realidade e a pessoa, pois sua identidade está sempre temerosa de perder seu disfarce. Ele continua a se esconder sob mais e mais disfarces e máscaras.

A mentira não vem sozinha; ela vem flanqueada pelos seus exércitos, prontos para protegê-la. Tamanha é a rede de medo e autoengano que nos cerca que é impossível erguer os olhos para o que está além de nós. E como uma pessoa que sofre com o medo de perder sua máscara reúne forças para descobrir a verdade? Só se encontra essa força quando se tem a coragem de descartar essas autoilusões. A mente cheia de medo é inimiga da descoberta da verdade.

Quem, portanto, é o amigo de verdade numa situação como essa? O destemor é o amigo, e o destemor da mente só conquista quem consegue ver a verdade sobre si mesmo e pode, portanto, se libertar do medo. Se você continuamente mascara a verdade sobre si mesmo, o medo continua aumentando e o ser interior fica impotente. Mas, se você se descobrir e se olhar, então o medo é ofuscado pela luz desse entendimento e você descobre fontes de energia novas e diferentes.

É isso que eu chamo de coragem: o poder de despir o eu e de reconhecê-lo. Isso é coragem, e ela é inevitável na conquista da verdade. Esse é o primeiro passo para a divindade.

Existe uma história muito interessante...

Um jovem chegou à morada de Rishi Haridrumat Gautama. Ele queria saber a verdade. Tinha o desejo de conhecer o *brahman*, o Absoluto. Postou-se, então, aos pés do *rishi* e disse: "Oh, mestre, eu vim em busca da verdade. Seja generoso comigo e me ensine o conhecimento do *brahman*; sou cego e quero enxergar a luz".

O nome desse jovem era Satyakama.

O *rishi* perguntou: "Meu filho, qual é sua linhagem? Quem é o seu pai? Qual é o nome dele?"

Esse jovem não conhecia o pai, nem conhecia sua linhagem.

Ele procurou a mãe, perguntou a ela e depois voltou. Então repetiu para o *rishi* o que a mãe lhe havia dito.

Ele disse: "Oh, mestre, não conheço minha linhagem. Nem sei quem é meu pai. Minha mãe também não sabe quem é meu pai.

Quando perguntei, ela disse que na juventude se associava a muitas pessoas respeitáveis e costumava fazer tudo que lhes agradasse. Ela não sabe de quem desci. O nome da minha mãe é Jabali. Portanto, sou Satyakama Jabal. É o que ela me pediu para lhe dizer".

Haridrumat ficou muito emocionado com a verdade simples da história. Ele abraçou o jovem e disse: "Meu querido filho, você é definitivamente um brâmane. Tanta confiança na verdade é a própria essência de um brâmane. Você certamente também poderá descobrir *brahman*, porque a verdade vem bater na porta daqueles que têm coragem para enfrentar a verdade sobre si mesmo".

8 Ambição e inferioridade

Eu chamo a roda da vida – mover-se indefinidamente ao redor do eixo da ambição – de inferno. É essa febre de ambição que envenena a vida. Entre as doenças e os problemas mentais mais graves que o ser humano já conheceu, não há nada pior que a ambição – porque uma mente perturbada pelos ventos da ambição está fadada a viver sem paz, música e felicidade. Essa pessoa não se sente em casa dentro de si mesma – e a paz, a música e a felicidade são o resultado de se sentir em casa dentro de si mesmo. Uma pessoa que não está em casa dentro de si mesma está doente. Ela só é saudável quando se sente em casa dentro de si.

Uma jovem me perguntou: "Qual é a causa básica dessa ambição?"

Respondi: "Um complexo de inferioridade, um sentimento de pobreza".

Certamente, o complexo de inferioridade e a ambição parecem coisas opostas, mas será que são realmente contraditórias? Não. Não são contraditórias, são os dois extremos do mesmo sentimento. O que é um complexo de inferioridade num extremo é ambição no outro. A inferioridade se torna ambição em sua tentativa de se libertar da inferioridade. É a inferioridade toda arrumada para sair. Mas, mesmo depois de colocar as roupas mais luxuosas, ela não é eliminada nem destruída. Pode ser que fique escondida dos outros, mas o eu continua vendo essa inferioridade o tempo todo. Quando uma pessoa está coberta de roupas, ela não está nua aos olhos dos outros, mas ainda está nua para si mesma.

Essa é a razão por que aqueles cujas realizações ambiciosas deslumbram os olhos das outras pessoas não deixam de se sentir intimamente preocupados e continuam planejando sucessos ainda maiores. Seu complexo de inferioridade interior não é destruído pelo sucesso. Na verdade, cada novo sucesso vem, para eles, acompanhado de um novo desafio a fim de obter novos sucessos. Dessa maneira, os sucessos que lhes pareciam soluções só provam ser precursores de novos problemas. E isso acontece sempre que um dos problemas da vida é tratado do modo errado: as soluções para os problemas se tornam, elas mesmas, problemas ainda maiores.

É importante lembrar que encobrir uma doença não é nenhuma escapatória. Dessa maneira, as doenças não desaparecem; são simplesmente nutridas. A mente, em sua tentativa de encobrir um complexo de inferioridade incômodo, se enche de ambição e o esquece. Também é fácil se esquecer de si mesmo em meio ao sentimento de ambição. Portanto, seja uma ambição mundana ou para atingir a iluminação, isso não faz diferença. A ambição é intoxicante. Sua intoxicação traz um profundo autoesquecimento. Mas, depois que a pessoa se acostuma com a intoxicação ou com uma dose da substância tóxica, já não se intoxica com tanta facilidade. A mente vai precisar de doses cada mais fortes, e de outros tipos de intoxicantes também, e as ambições continuarão aumentando. Não haverá fim para elas. Elas têm um começo, mas não têm um fim.

E, quando uma pessoa fica entediada com as ambições mundanas, ou quando sua morte se aproxima, começam as chamadas ambições religiosas. Estas também são ilusórias, e a realidade é que serão mais intoxicantes ainda, porque não é tão fácil ver quando você alcançou um objetivo religioso, o que faz com que o medo de falhar também seja menor.

Enquanto uma pessoa tentar se manter separada do seu eu autêntico, sofrerá a febre da ambição de uma forma ou de outra. Ao se esforçar para ser diferente do seu verdadeiro eu, ela tentará encobri-lo e esquecê-lo. Mas encobrir um fato e se libertar dele são a mesma coisa? Esquecer uma coisa e desistir dela é a mesma coisa? Não. Esquecer um complexo de inferioridade e libertar-se dele não são a mesma coisa. Portanto essa é uma resposta muito pouco sensata porque, à medida que você avança no tratamento, a doença continua a se agravar.

Todo sucesso da mente ambiciosa é autodestrutivo, porque serve como combustível para o fogo da ambição. O sucesso é alcançado, mas a inferioridade não diminui, e sucessos maiores são necessários e inevitáveis. Basicamente, isso equivale a aumentar seu complexo de inferioridade.

Toda a história da humanidade está cheia dessas mentes doentes. O que Tamberlaine, Alexandre, o Grande, e Hitler têm além de uma doença? E peço que não riam desse comentário, porque não é educado rir dos doentes. Rir também é indesejável por outro motivo; e isso é porque o germe da doença deles está presente em todos nós. Nós somos seus herdeiros; não apenas os indivíduos, mas toda a humanidade está doente de ambição. É por isso que essa doença colossal nos passa despercebida.

Na minha opinião, uma característica inevitável da saúde mental é uma vida livre de ambição. A ambição é uma doença e, portanto, destrutiva. As doenças são sempre companheiras de viagem da morte. Ambição é destruição, é violência, é o ódio que irradia da mente doente. É ciúme, é uma luta crônica entre os seres humanos, é guerra.

Até mesmo a ambição para atingir a iluminação é destrutiva. É violência contra o eu. Torna-se uma inimizade contra o próprio eu. Ambição mundana é violência contra os outros; ambição para atingir a iluminação é violência contra si mesmo. Onde há ambição há violência – não importa se ela é interior ou exterior. A violência, em qualquer estado ou forma, é sempre destrutiva. É por isso que apenas aqueles entendimentos que surgem de uma mente calma e saudável podem ser criativos.

A mente saudável está centrada no eu: o desejo de ser algo diferente não existe. No esforço de ser algo diferente, o indivíduo não é capaz de conhecer a si mesmo – e não conhecer o eu é a fraqueza básica e central da qual surgem todos os complexos de inferioridade.

Não há como se salvar dessa fraqueza, a não ser conhecendo o eu. Não é através da ambição, mas apenas através do conhecimento do eu que ficamos livres desse desejo, e para que isso aconteça é absolutamente necessário eliminar as ambições da mente.

Lembro-me de uma história sobre Tamberlaine e Baizad...

O rei Baizad foi derrotado numa batalha e levado para o conquistador, Tamberlaine. Ao vê-lo, Tamberlaine de repente começou a rir alto. Então, insultado, Baizad ergueu orgulhosamente a cabeça e disse: "Tamberlaine, não demonstre tanta arrogância por causa da sua vitória nessa batalha. Lembre-se, aquele que ri da derrota alheia um dia haverá de chorar a própria derrota".

O rei Baizad tinha apenas um olho e Tamberlaine tinha apenas uma perna. Ao ouvir as palavras do Baizad caolho, o coxo Tamberlaine riu duas vezes mais e disse: "Eu não sou tão tolo para rir dessa pequena vitória. Estou rindo da nossa condição, da sua e da minha! Veja, você é caolho e eu sou coxo. Eu estava rindo ao pensar por que Deus concede reinos a você e a mim, um caolho e um coxo?"

Quero dizer a Tamberlaine, que está dormindo agora em seu túmulo, que isso não é culpa de Deus. Na verdade, com exceção do coxo e do caolho, ninguém mais está ansioso para conquistar reinos. E isso não é verdade? Não é verdade que, no dia em que a mente do ser humano se tornar saudável, não haverá mais reinos? Não é verdade que aqueles que se tornaram saudáveis sempre perderam seus reinos?

Sempre que encontra alguma inferioridade dentro de si, o ser humano quer fugir. Ele começa a correr exatamente na direção oposta, e esse é justamente o seu erro – porque a inferioridade não é mais do que uma indicação de pobreza interior.

No fundo, toda pessoa sofre de pobreza interior. O mesmo vazio é sentido por todos. Tenta-se preencher esse vazio interior com ganhos exteriores, mas como o poço do vazio interior pode ser preenchido a partir de fora? O exterior não consegue fazer isso justamente porque está fora; ele não pode preencher o interior. No final das contas, tudo está fora – riquezas, *status*, personalidade, poder, religião, caridade, renúncia, conhecimentos, Deus, salvação –, então, o que está dentro? Além da pobreza, do vazio e do nada, não há coisa alguma lá dentro. Então, se fugirmos desse vazio, estamos fugindo do verdadeiro eu: correr é fugir do ser essencial do eu.

O caminho não é fugir, mas conviver com esse vazio. Na pessoa que tem a coragem de viver e ficar alerta, esse vazio é preenchido. Para ela, o próprio vazio prova ser a sua grande salvação. Nesse nada tudo existe. Nesse vazio habita a existência, e essa existência é divina.

9 Apenas dez passos adiante

Fico extremamente surpreso ao ver as pessoas parecendo tão preocupadas com a vida. Não se entende a vida apenas se pensando a respeito dela; pode-se entendê-la apenas vivendo-a ao máximo. Não há outra maneira de se conhecer a verdade.

Acorde e viva! Acorde e se mexa! A verdade não é algo morto que se possa encontrar sem esforço nenhum. É uma corrente extremamente viva. Somente a pessoa que se move com ela, livremente e sem restrições, pode encontrá-la. Ao pensar muito adiante, muitas vezes perdemos de vista o que está à mão. O que está diante do nosso nariz o tempo todo é a verdade e o que está a distância está escondido dentro dela. Não é inevitável que tenhamos de descobrir o que está perto para descobrir o que está a uma certa distância? O futuro inteiro não existe no momento presente? O menor passo não contém dentro dele a jornada maior à frente?

Um simples lavrador estava subindo as colinas pela primeira vez na vida. Embora essas colinas não estivessem muito longe da sua aldeia, ele nunca tinha conseguido escalá-las. O cume das colinas cobertas de vegetação podia ser visto dos seus campos, e muitas vezes o desejo de vê-las de perto tinha ficado muito forte dentro dele. Mas, por uma razão ou outra, a viagem era adiada e ele não conseguia ir.

A última vez, ele fora dissuadido pela simples razão de que não tinha uma lamparina com ele, e para chegar às colinas era necessário viajar à noite. A difícil escalada até as colinas era ainda mais problemática após o nascer do sol. Mas nesse dia em que decidiu empreender viagem, ele trazia consigo uma lamparina, e estava tão entusiasmado que não dormiu nada durante as primeiras horas da noite.

Ele se levantou às duas da manhã e começou sua jornada para as colinas. Assim que saiu da aldeia, porém, hesitou e depois parou. Começou a se preocupar e uma nova questão se instalou em sua mente. Ao sair da aldeia, imediatamente notara que era noite de lua nova e tudo ao redor estava escuro. Certamente ele tinha uma lamparina consigo, mas a luz daquela lamparina não era suficiente para iluminar mais do que dez passos à frente e a escalada tinha cerca de quinze quilômetros de extensão.

Ele teria de caminhar quinze quilômetros, mas a lamparina que estava carregava só iluminava dez passos à frente. Como isso poderia ser suficiente? Seria aconselhável mergulhar naquela escuridão à luz de uma pequena lamparina? Seria como adentrar o mar numa canoa. Ele resolveu se sentar nos arredores da aldeia para aguardar o nascer do sol.

Mas, quando estava ali sentado, passou por lá um velho que seguia na direção das colinas. Ele carregava na mão uma lamparina ainda menor. O lavrador o deteve e contou a ele sobre suas dúvidas. O velho começou a rir alto e disse: "Você é maluco? Se só consegue enxergar dez passos à frente, caminhe só até onde pode ver. Depois disso, enxergará o mesmo tanto à frente. Se puder ver só um passo à frente, isso bastará para poder viajar o mundo inteiro".

O jovem entendeu, levantou-se e começou a caminhar. Antes que o sol nascesse, ele já estava nas colinas.

O conselho do velho serve também para a vida. Quero dizer o mesmo a você. Amigo, por que está sentado aí, de braços cruzados? Levante-se e mexa-se! Quem alcança o que quer não é quem pensa, mas quem age. E, lembre-se, todo mundo tem discernimento e iluminação suficientes para ver dez passos à frente – e isso basta. É o suficiente para se chegar à divindade.

10 Amor infinito e inquebrável

Amor é energia, e só a pessoa que vive pelo amor está, de fato, viva. Onde existe amor existe divindade, pois o amor é a luz produzida pela presença do divino.

Talvez você se lembre de que, sempre que sua mente está cheia de ódio, você se sente impotente e sua conexão com a existência se enfraquece. É por essa razão que a infelicidade e o arrependimento nascem da raiva, do ódio e do ciúme. O remorso surge quando as nossas raízes estão separadas da existência do todo.

O amor deixa você repleto de felicidade e bem-aventurança, de música, compaixão e uma fragrância que não pertence a este mundo material. Por quê? Porque, nesta experiência, você fica tão próximo da alma universal que encontra um lugar no coração da existência; quando a existência começa a se manifestar por meio do seu ser, você deixa de ser apenas você.

Por isso eu digo que a pessoa que consegue encontrar um amor infinito e inquebrável na vida encontra tudo.

Lembro-me de uma história...

Maomé estava viajando por uma estrada com seu discípulo, Ali. Um inimigo de Ali se aproximou, o deteve e começou a insultá-lo. Ali pacientemente ouviu as ofensas do outro, seus olhos demonstrando amor e devoção. Ele ouvia as palavras cruéis do inimigo como se fossem elogios. Mas, por fim, sua paciência foi ao limite e ele a perdeu, descendo ao nível do inimigo e começando a retaliá-lo. Aos poucos, seus olhos se encheram de ira e nuvens de ódio e vingança começaram a trovejar em seu coração. Sua mão já estava buscando a espada...

Até esse momento, Maomé estivera sentado calmamente, só observando. De repente, ele se levantou e se afastou, deixando Ali e o inimigo entregues a si mesmos. Ao ver isso, Ali ficou muito surpreso e um pouco chateado com Maomé.

Mais tarde, quando Maomé se encontrou com ele novamente, Ali perguntou: "Por favor, explique por que agiu daquela forma. O inimigo me confrontou e você me deixou sozinho? Como que me abandonou nas garras da morte..."

Maomé respondeu: "Amado, esse homem foi, sem dúvida, muito violento e cruel, e suas palavras também estavam cheias de ira. Mas fiquei muito feliz quando o vi em paz e cheio de amor. Nessa fase, vi que os dez guardiões enviados por Deus o estavam defendendo e bênçãos celestiais estavam se derramando sobre você. Você estava em segurança por causa do seu amor e espírito de perdão. Mas, assim que seu coração perdeu toda a compaixão e endureceu, e seus olhos começaram a irradiar as chamas da vingança, eu vi aqueles guardiões deixá-lo. Naquele momento, o mais certo era que eu também o deixasse. Pois o próprio Deus tinha se afastado de você".

11 Busque dentro de si mesmo

Pergunto a todos o que buscam na vida. O significado e o valor da vida estão ocultos no que se investiga nela. Se alguém está procurando apenas pérolas e pedras preciosas, como o valor da vida dessa pessoa pode ser maior do que o daquilo que ela está procurando? A maioria das pessoas se torna pequena buscando a pequenez e, no final, descobrem que desperdiçaram o tesouro de suas vidas procurando alguma riqueza que, na verdade, não era riqueza coisa nenhuma.

Antes de começarmos uma jornada, é melhor descobrirmos onde queremos chegar, por que queremos ir e também se conseguiremos dar conta das dificuldades e do trabalho árduo que surgirão na jornada rumo a esse objetivo. A pessoa que não reflete antes de partir muitas vezes descobre que não consegue chegar a lugar nenhum ou, se chega, não acha que encontrou um lugar em que valha a pena estar.

Não quero que um erro assim aconteça na sua vida, porque ele destruiria a sua própria vida. A vida é curta. A energia é limitada.

O tempo é curto. Portanto, apenas aqueles que partem após uma cuidadosa reflexão e que são vigilantes e cautelosos conseguem chegar a algum lugar.

Havia um místico cujo nome era Shivli. Ele estava em meio a uma jornada e, no caminho, viu um jovem em disparada e perguntou: "Meu amigo, para onde está correndo?"

Sem parar, o jovem disse: "Para minha casa".

Então, Shivli fez uma pergunta estranha. Perguntou: "Mas que casa?"

Eu também estou lhe fazendo a mesma pergunta. Você está fugindo. Todos estão. Estou perguntando: para onde você está correndo? Será que essa corrida toda foi planejada? Ou será que você só está correndo porque todo mundo está correndo também, sem saber onde têm de chegar?

Eu gostaria que, em resposta a essa pergunta, você pudesse dizer o mesmo que esse jovem disse a Shivli. Então todo o meu ser começaria a dançar de felicidade. O jovem disse: "Existe apenas uma casa: a casa de Deus. Estou em busca dela".

Sem dúvida, todo o resto é um sonho. A busca por qualquer outra casa é um sonho. Existe apenas uma casa; a casa de verdade é apenas uma – a casa de Deus – e aquele que a procura deve mergulhar dentro de si próprio, porque ela está escondida no próprio eu. Existirá alguma outra casa além da casa do divino? E ele pode ser encontrado em qualquer outro lugar que não seja no próprio eu?

Se eu estivesse no lugar de Shivli, teria feito a esse jovem mais uma pergunta. Não sei que resposta ele daria. Mas deixe-me contar qual é a pergunta. Eu teria perguntado a ele: "Amigo, se você quer encontrar o divino, por que está fugindo? Para onde está correndo? Como vai encontrar o que existe aqui mesmo, fugindo daqui? Não seria uma ilusão querer alcançar o divino no futuro, se ele existe aqui e agora? E o fato é que só podemos deixar de ver o que já existe dentro de nós quando fugimos. Para encontrar, não é melhor parar, ficar em silêncio e mergulhar dentro de si?"

12 Nadar no mar da verdade

Não procure a religião; procure a si mesmo. Então a religião virá naturalmente até você.

Existe religião nas escrituras? Não. Não existe religião nas escrituras. As escrituras estão mortas e a religião é uma entidade viva. Como ela pode ser encontrada nas escrituras?

Existe religião dentro das organizações religiosas? Não. Não existe religião nem mesmo dentro das seitas religiosas. A religião organizada depende de acordos e a religião é um assunto absolutamente individual. Para chegar até ela, não é necessário ir para fora. Você deve se voltar para dentro.

A religião existe em cada respiração. Tudo o que nos falta é visão para descobri-la e vê-la.

A religião existe em cada gota de sangue. Nos falta coragem e determinação para buscá-la.

A religião está aqui, como o sol, mas você tem que abrir os olhos.

Religião é vida, mas você deve se elevar acima da sepultura do corpo.

A religião não é algo sem vida. Portanto, não durma. Acorde e se mova! Aquele que dorme, perde-a. Aquele que se move, a atinge. Aquele que está acordado, a encontra.

Um rei estava à procura da maior religião do mundo. Ele já tinha perdido a juventude e chegado à idade avançada, mas ainda não tinha concluído a sua pesquisa. Como poderia? A vida é breve e essa tal pesquisa é uma tolice. Mesmo que a vida fosse infinita, mesmo assim a melhor religião não poderia ser descoberta porque, na verdade, religião é simplesmente religião e é tudo a mesma coisa. Por essa razão, qual poderia ser maior ou menor, qual poderia ser melhor ou pior? Como não existem muitas religiões, a busca pela maior delas não pode ser bem-sucedida. Onde não há muitas, onde há apenas uma, não há margem para comparação ou para análise, nem há nenhum método para se fazer isso. Esse rei estava procurando a religião mais elevada, mas vivia no estado irreligioso mais inferior possível.

Enquanto ele não conseguia encontrar a verdadeira religião, a questão de ter uma vida religiosa de verdade não ocorria a ele. Alguém alguma vez já penetrou a escuridão e o desconhecido? Ninguém jamais faz uma pergunta assim sobre a irreligião, mas quase todas as pessoas já se perguntaram sobre a religião. Ninguém pensa sobre a irreligião ou a procura. Em vez disso, a irreligião é vivida enquanto a religião é pesquisada. Mais provavelmente a chamada busca é uma maneira de se viver na direção oposta à da religião, e dessa maneira evita-se viver religiosamente.

Ninguém jamais falou com o rei sobre isso. Os estudiosos, os santos e os filósofos de diferentes religiões costumavam ir até ele. Eles discutiam uns com os outros. Ressaltavam as falhas uns dos outros.

Queriam provar que os outros eram ignorantes. O rei costumava gostar desse debate. Nesse sentido, a religião tornava-se uma ilusão e algo cheio de ignorância aos olhos dele, e ele tinha uma desculpa para viver de modo contrário a ela.

Era difícil persuadir o rei a passar para o lado da religião, porque quem quer que tome partido não é, ele próprio, a favor da religião. Grupos, seitas e instituições religiosas estão sempre defendendo seu próprio lado, suas próprias crenças. Eles não têm nada a ver com a religião; não podem ter. Apenas aquele que não toma partido, não defende nem um lado nem o outro, pode ser religioso. Sem desistir de tomar partido é difícil ser religioso. As seitas religiosas são, em última análise, inimigas da religiosidade e amigas justamente do seu oposto.

O rei, portanto, não desistiu da sua pesquisa; ela se tornou seu passatempo. Mas, um dia, até mesmo o oposto da religião começou a lhe causar sofrimento, ansiedade e infelicidade. À medida que a morte se aproximava e assim também o crepúsculo da sua vida, ele começou a ficar inquieto. Mesmo assim, ainda não estava preparado para aceitar qualquer coisa que não fosse a religião mais elevada, sem falhas e completa. Esse rei era inflexível e determinou que, até que ficasse evidente qual era a religião perfeita, ele não daria nem um passo, na sua vida, em direção a ela. Anos se passaram e ele foi mergulhando cada vez mais na lama. A morte estava quase chegando à sua porta.

Então, um dia, um jovem mendigo veio ao seu portão pedir esmola e, achando o rei extremamente preocupado, deprimido e perturbado, perguntou a ele o motivo. O rei respondeu: "Como você poderia me ajudar mesmo se eu explicasse? Os maiores estudiosos, santos e monges errantes não conseguiram!"

O mendigo então disse: "Não é possível que a grandiosidade deles seja, ela mesma, uma barreira? E, de qualquer maneira, os estudiosos nunca conseguiram fazer coisa alguma. Será que os santos e monges, que só podem ser identificados pelas suas roupas, são realmente os mais relevantes?"

O rei fitou atentamente o mendigo. Olhou bem dentro dos olhos dele; ele tinha uma expressão no olhar que não poderia estar no olhar do mendigo. Aquela expressão só poderia ser vista no olhar de um rei.

Enquanto isso, o mendigo falou novamente: "Eu não posso fazer nada. Na realidade, eu não existo. Mas aquele que existe pode fazer muito".

O que ele dizia era realmente maravilhoso. Ele era totalmente diferente dos milhares que tinham tentado convencê-lo. O rei começou a pensar com seus botões: "Quem é esse homem vestido em andrajos?", mas em voz alta ele disse: "Eu queria encontrar a religião mais elevada e ter uma vida religiosa, mas não está sendo possível e, portanto, estou muito infeliz, pois agora a minha vida está chegando ao fim. Que religião seria a mais elevada?"

O mendigo começou a rir alto e disse: "Ah, meu rei! Você queria pôr o carro na frente dos bois. É por isso que está tão infeliz. A vida não se torna religiosa depois que você encontra a religião; a religião só é encontrada quando a própria vida se torna religiosa. E que loucura é essa que o impeliu a encontrar a religião mais elevada? Somente buscar a religião já é suficiente. Só a *religião* existe. A religião *mais elevada*? Nunca ouvi sobre isso. Essas palavras não fazem sentido. Não é preciso acrescentar nada para qualificar a religião. Só existe um círculo. Não existe essa coisa de círculo completo, porque o que não é um círculo completo não é um círculo. Só o fato de ser um círculo já implica completude. A própria existência da religião implica a verdade de ser imparcial e sem falhas. E aqueles que o procuram para mostrar a religião mais elevada não são menos loucos do que você ou são hipócritas. Aquele que sabe conhece apenas a religião, a religiosidade – e não religiões".

O rei ficou profundamente emocionado e tocou os pés do mendigo. O mendigo disse: "Por favor, liberte os meus pés. Não os prenda. Eu vim aqui para tirar os grilhões dos seus pés. Por favor, venha comigo para o outro lado do rio e para fora do seu reino. Lá, posso apontar as falhas da religião".

Eles foram juntos para a margem do rio. Os melhores barcos foram trazidos, mas o mendigo apontava uma falha após outra em cada um deles. Por fim, o rei ficou frustrado. Disse para o mendigo, "Oh, grande alma! Só temos que atravessar este riozinho. Nós podemos até nadar. Vamos deixar para lá esses barcos. Vamos nadando. Por que perder tempo?"

Como se o mendigo estivesse esperando por isso, ele disse ao rei: "Oh, meu rei! Eu queria dizer o mesmo. Por que você está tão preocupado com os barcos que pertencem às diferentes seitas religiosas? Não é melhor nadarmos até Deus? Na verdade, não existe um barco religioso. Os barcos servem apenas aos barqueiros. Para nós, só resta nadar. A verdade só pode ser encontrada graças aos nossos próprios esforços. Ninguém mais pode oferecê-la a nós. Temos que nadar no mar da verdade por nós mesmos. Não há como outra pessoa nos ajudar. Aqueles que buscam a ajuda alheia se afogarão perto da outra margem, mas aqueles que tomam coragem e nadam por si só conseguem atravessar, mesmo que se afoguem um pouco no início".

13 Cada vida é uma criação original

Uma criança me perguntou: "Eu quero ser como o Buda; você pode me mostrar como atingir o meu ideal?" Essa criança já era bem velha. Já tinha visto ao menos sessenta primaveras. Mas quem quer se tornar como os outros ainda é uma criança, não amadureceu ainda.

Não é sinal de maturidade que, em vez de querer ser como os outros, a pessoa queira se tornar ela mesma? E se alguém quiser se tornar como outra pessoa, será capaz disso?

A pessoa só pode ser ela mesma. É impossível se tornar outra pessoa.

Quando eu chamo aquele velho de menino, você talvez ria. Mas, se investigar um pouco mais a fundo, você não vai rir, você vai chorar, porque vai descobrir essa mesma mentalidade infantil em si mesmo. Você não quer ser como outra pessoa? Tem coragem e maturidade dentro de si para ser você mesmo?

Se todos estivessem maduros, então a questão de seguir ou não outra pessoa nem viria à baila. Não é por causa dessa mentalidade infantil que os seguidores e os seguidos, os discípulos e os professores passaram a existir? E lembre-se: a mente que quer seguir não é apenas imatura, também é cega.

O que eu disse àquele velho garoto?

Eu disse a ele: Amigo, aquele que quer se tornar outra pessoa perde a si mesmo. Toda semente contém dentro de si a sua própria árvore e o mesmo vale para cada indivíduo. Só é possível se tornar você mesmo. Se uma pessoa tenta se tornar qualquer outra coisa, é possível que ela não consiga realizar nem mesmo o seu próprio potencial.

Busque quem você é. É aí que é possível encontrar o crescimento rumo aquilo que você *pode* se tornar. Além disso, não existe ideal para ninguém. Em nome dos ideais, as pessoas se desviam do caminho do autodesenvolvimento e não chegam a lugar nenhum. Vejo suicídios por trás da tentativa de seguir esses ideais – e não pode haver nada mais a não ser suicídios. O que estou fazendo sempre que tento ser outra pessoa? Estou matando a mim mesmo, estou me reprimindo – e vou me odiar. O resultado, portanto, será o suicídio e a hipocrisia, porque vou fingir ser o que não sou: aparentar, parecer e agir como alguém que não sou.

Assim que a dualidade se desenvolve dentro de um indivíduo, a hipocrisia se instala. Onde quer que haja contradição interior, existe falsidade, existe irreligião – e é natural que um esforço tão anormal acarrete sofrimento, ansiedade e remorso. Em excesso, essas tensões tornam-se um tormento para a pessoa. A menos que um ideal brote de uma verdade autorrealizada, de possibilidades autorrealizadas e da disciplina que vem naturalmente com elas, todo o resto torna a pessoa feia e deformada. Quaisquer estruturas ou ideais ou disciplinas importados de fora são suicidas.

Por isso eu digo: busque a si mesmo e encontre-se. Essa é a porta para a existência, onde só aqueles que encontraram a si mesmos são bem-vindos. Através dessa porta a divindade pode passar, mas o Ram – o deus, o herói – da peça Ram-Leela não pode. Sempre que alguém inspirado por ideais externos quer se moldar, ele está se comportando como o Ram no drama indiano Ram-Leela. Que alguns façam mais sucesso e outros, um pouco menos, essa é uma questão à parte, mas, em última análise, quanto mais bem-sucedida uma pessoa é, mais longe ela está de si mesma. O sucesso dos Rams, como no drama Ram-Leela é, na verdade, o fracasso do próprio ser.

Você pode usar Ram, Buda ou Mahavira como disfarce e, quem quer que use tais disfarces não tem música, independência, beleza ou verdade na sua individualidade. A existência o tratará do mesmo modo que o rei de Esparta tratou um homem que se tornou tão bom em imitar a voz de um pássaro bulbul que se esqueceu de como era a voz de um homem...

Esse homem ficou muito famoso e pessoas de muito longe vinham escutá-lo. Ele queria demonstrar sua habilidade para o rei e, depois de se esforçar muito, conseguiu permissão para se apresentar diante dele. Achou que o rei o elogiaria e lhe daria uma recompensa. Dados os elogios e as recompensas que já tinha obtido de outras pessoas, essa expectativa do homem não era injustificada.

Mas o que o rei lhe disse? Ele disse: "Senhor, eu já ouvi o bulbul cantando, espero que o senhor cante não as canções do bulbul, mas as canções que o senhor nasceu para cantar. Já existem bulbuls suficientes cantando canções de bulbuls. Vá embora e componha a sua própria canção e, quando ela estiver pronta, procure-me novamente. Estarei pronto para recebê-lo e haverá também uma recompensa esperando pelo senhor".

Certamente, a vida não nos é concedida para que imitemos os outros, mas para que façamos crescer a árvore oculta dentro da semente do nosso próprio ser. A vida não é uma imitação, é uma criação original.

14 Orgulho espiritual

Um templo está em construção. Passo e penso comigo mesmo: se já existem tantos templos e o número de pessoas que os visitam provavelmente diminuiu, por que estão construindo mais um templo? E esse não é o único: há muitos outros templos em construção. Novos templos são construídos todos os dias.

Templos estão sendo construídos e o número de pessoas que os visitam está diminuindo. Qual é a razão disso? Pensei muito a esse respeito, mas não consegui chegar a uma conclusão. Então perguntei a um pedreiro de mais idade, que estava construindo um templo. Achei que ele poderia conhecer o mistério por trás da construção de tantos novos templos, afinal ele mesmo já tinha construído vários.

O velho começou a rir da minha pergunta e então me levou para trás do templo, onde as pedras estavam sendo cinzeladas. Ali, também estavam sendo feitas estátuas de Deus. Eu pensei que ele fosse me dizer que o templo estava sendo construído para abrigar essas estátuas de Deus. Mas isso não satisfaria a minha curiosidade, porque então eu passaria a querer saber por que essas estátuas estavam sendo feitas.

Mas, não, eu estava enganado. Ele não disse nada sobre essas estátuas. Passou por elas e continuou seguindo em frente. No extremo oposto do terreno, além do prédio em construção, alguns artesãos estavam trabalhando numa pedra. O velho me mostrou a pedra e disse: "É por isso que o templo está sendo construído – e os templos sempre foram construídos por causa disso". Eu fiquei pasmo e comecei a me arrepender da minha tolice. Por que não pensei naquilo antes? Naquela pedra, estavam gravando o nome da pessoa que estava construindo o templo.

Pensando nisso no meu caminho para casa, vi uma procissão ao longo da estrada. Alguém havia renunciado ao mundo e se tornado um *sanyasin*. A procissão era em homenagem a esse homem. Parei na beira da estrada e comecei a assistir a cena. Olhei para o rosto e para os olhos da pessoa que tinha renunciado. O vazio visto muitas vezes nos olhos de um *sanyasin* não estava presente nos olhos desse sujeito. Nos dele, existia o mesmo ego e o mesmo sentimento de grandeza que podem ser vistos nos olhos dos políticos.

Seria possível que eu estivesse equivocado e pensando dessa maneira só por causa do efeito que a conversa com aquele velho pedreiro tinha exercido sobre mim? Mas eu conheço muitos outros *sanyasins*, e a forma sutil de ego que você pode ver nessas pessoas raramente se encontra em outro lugar. Talvez nenhuma ação que se origine na mente do homem seja destituída de ego. A não ser que você consiga se livrar da mente, não há como escapar desse sentimento de grandeza.

Alguns dias atrás, um amigo meu fez um jejum de dez dias. Eu fiquei muito surpreso ao ver quanto ele estava ansioso para anunciar o jejum. Mas, não, esse foi meu erro: aquele velho pedreiro desfez mal-entendidos que eu tive durante toda a minha vida...

Depois do jejum, ofereceram a esse amigo uma grande recepção, onde o cobriram de elogios. Eu também estava lá, e um homem sussurrou no meu ouvido: "Coitado, ele que custeou todas as despesas desta recepção".

Na hora me sobressaltei, mas por causa do velho pedreiro, estou mais esperto hoje em dia e não vejo mais motivo para surpresa. Pelo contrário, um pensamento me assombra de vez em quando: se a propaganda pessoal é tão útil aqui neste mundo por que não deveria também ser usada no céu? Não serão as regras do céu as mesmas que vigoram aqui? Afinal, o céu é uma criação da mesma mente que cria este mundo. O desejo de ir para o céu e a concepção de céu não são semelhantes a outros desejos da mente? Então, quem é esse Deus? Ele não é uma invenção da mente do homem? Afinal, esse Deus também se sente insultado e irritado, e por vingança faz seus inimigos arderem no fogo do inferno. Ele também fica feliz quando louvado; poupa seus devotos de problemas e derrama bênçãos sobre eles. Não é tudo isso também uma criação da mente do homem? E se é esse o caso, então, por que a propaganda não faria sucesso no mundo de Deus também? Será que Deus também não vê a fama como uma prova da sua existência? Afinal, que outro padrão de medida o homem poderia usar para avaliar Deus?

Eu expus esse ponto de vista a um *sanyasin*, e ele ficou muito irritado: "O que você está pensando? Que necessidade a religião tem de fazer propaganda? Tudo é um jogo do ego: tudo neste mundo é *maya*, uma peça divina. Por causa da ignorância, a vida das pessoas continua aprisionada ao ego".

Aceitei tudo o que ele estava dizendo: essa renúncia leva ao conhecimento e, como ele tinha renunciado a tudo o que possuía, devia ter encontrado o conhecimento. Como eu poderia duvidar das palavras dele? Mas, num breve espaço de tempo, ele me lembrou de duas ou três vezes em que tinha virado as costas para um patrimônio de centenas de milhares de rupias para se tornar um *sanyasin*. Em outras palavras, ele não era um *sanyasin* qualquer!

Mesmo a renúncia é medida em termos monetários.

Perguntei a ele: "Quando você virou as costas para tudo isso?"

Ele disse: "Cerca de vinte e cinco ou trinta anos atrás". Naquele momento, valia a pena ver como seus olhos brilhavam! O fato de que a renúncia traz certo brilho aos olhos parece ser verdade.

Muito hesitante, eu disse a ele: "Senhor, talvez não tenha renunciado a todo esse dinheiro com força suficiente, do contrário, como a lembrança desse dia ainda pode ser tão nítida, mesmo depois de trinta anos?"

E o que eu temia finalmente aconteceu. Sua ira irrompeu. Mas eu me consolei com o pensamento de que esse é um velho hábito dos videntes e sábios, e ele foi compassivo o suficiente para não lançar também sobre mim algum tipo de maldição!

No momento da minha partida, contei a ele uma história. Vou repeti-la agora. Convém pensar nela com atenção e cuidado. Ela tem um grande significado.

Um homem rico ofereceu dez mil moedas de ouro a Shree Nathji, a divindade que preside o templo de Nathdwara. Mas resolveu contar as moedas de ouro, uma a uma, antes de colocá-las na frente do ídolo. Ele as despejou ruidosamente da bolsa, deixando que tilintassem no chão. Ao ouvir o barulho de tantas moedas, uma multidão se reuniu no templo. Ele começou a fazer ainda mais estardalhaço ao contar as moedas. À medida que a multidão aumentava, seu prazer em renunciar à fortuna também ficava maior.

Por fim, quando ele terminou de contar as moedas e, com orgulho nos olhos, fitou as pessoas reunidas ali, o sacerdote do templo falou: "Irmão, leve essas moedas embora. Shree Nathji não aceitará essa oferenda".

O homem rico ficou muito surpreso e perguntou: "Por que não, senhor?"

O sacerdote respondeu: "O amor pode ser demonstrado? A oração é uma coisa para mostrar aos outros? Na verdade, no seu coração há o desejo de se promover. Tal desejo é isento de gratidão, é incapaz de renunciar a qualquer coisa. Tal desejo não está qualificado para amar".

15 O "Eu" é uma mentira

Um devoto que estava sofrendo um grande tormento mental me perguntou: "Quero me perder no Absoluto. O ego causa sofrimento; quero oferecer esse ego a Deus. O que devo fazer?"

Conheço esse homem. Durante anos, ele foi ao templo. Prostrado diante de Deus, ele chorava durante horas. Seu desejo é certamente muito intenso, mas ele segue na direção errada, porque uma pessoa que aceita o "eu" torna-se o "eu" em função dessa aceitação. É desse "eu" que vem o sofrimento – e depois ele quer se livrar do sofrimento e se oferecer a Deus, para ficar aos cuidados dele.

Mas o núcleo central desse oferecimento também é o "eu", porque quem é que quer oferecer? Quem é que quer se livrar de toda a dor e de todos os problemas? Não é o próprio "eu"? De quem é essa ansiedade e desejo por Deus, pela felicidade suprema e pelo supremo? Quem é que faz você competir neste mundo e depois também o deixa empolgado com a ideia de salvação? Não é o próprio "eu"?

Eu pergunto: é possível que o "eu" desista de si mesmo? Eu quero oferecer a mim mesmo. O "eu" não tem algo a ver com isso? A minha oferta também não é "minha"? Qualquer coisa que seja "minha" não dá origem ao "meu" ou ao "eu"? Minha riqueza, minhas posses, minha esposa, meus filhos não produzem, todos eles, esse "eu"? Meus *sanyas*, minha renúncia, minha oferenda, minha caridade, minha religião, minha alma, minha salvação também produzem esse "eu".

Enquanto restar alguma parte de "mim", o "eu" continuará absolutamente intacto. Toda ação do "eu" – seja pecado ou devoção, indulgência ou renúncia – só servirá para fortalecer o "eu". Mesmo que você faça grandes esforços ou tente desistir, o único resultado será fortalecê-lo.

Não existe, portanto, nenhum meio de se abandonar o ego? Não existe um método para se renunciar a ele? Não, não existe nenhum meio ou método para desistir, renunciar ou oferecer o ego, porque o que quer que seja feito acabará sendo para nutri-lo ainda mais. Ninguém nunca foi além do ego por meio de ações, atitudes, decisões ou resoluções, nem nunca poderá ir além dele dessa maneira, porque a própria decisão é o ego de uma forma pequena. A decisão é uma forma imatura de ego. Após o amadurecimento, ela se transforma em ego. O ego é uma forma consolidada de decisão.

Então, como o ego pode ser descartado com a ajuda da decisão? E o que são todas as nossas tentativas e ofertas? Não são todos apenas extensões da decisão?

As tentativas de libertar-se do ego *com* o ego são tão tolas quanto tentar ficar de pé puxando os cadarços dos próprios sapatos. Na verdade, o ego não pode renunciar a ele mesmo, porque, enquanto ele existe, nada mais pode existir concomitantemente. E, se ele não existe, não existe e pronto; não existirá nem essa questão de renunciar a ele. É por isso que digo que é importante que se reconheça o ego, não por meio da rendição, mas desse reconhecimento; não pela meditação, mas por meio do reconhecimento; não pela renúncia, mas por meio do reconhecimento. E maravilha das maravilhas: ele é nutrido pelo esforço ou pela rendição, mas, por meio do reconhecimento, não há como encontrá-lo, pois descobre-se que ele não existe.

Reconhecer o "eu", o ego, na sua totalidade, é libertar-se dele.

Não se pode desistir do "eu", do ego, porque, na realidade, ele não existe. Mentiras, falsidades, precisam ser inventadas para que se tente – sem sucesso – perder o que já não existe.

O ego é uma mentira. Para se tentar desistir dele, outra mentira – essa "renúncia" – precisa ser inventada e, depois, para apoiar essa mentira da rendição, mais outra mentira – "Deus" – precisa ser criada pela imaginação. Mas com tais mentiras não há como se obter a salvação. Pelo contrário, mentiras ainda maiores são espalhadas por aí.

Um homem santo encontrou um menino órfão às margens de uma estrada e resolveu criá-lo até que ficasse adulto.

Havia um cemitério logo atrás da sua cabana e, como a criança era muito travessa, ela costumava ir ao cemitério durante o dia ou até mesmo à noite. Para ter certeza de que o menino não iria lá, o homem santo disse: "Não vá até lá à noite. Fantasmas moram lá e eles comem gente".

Naturalmente, a partir desse dia, a criança começou a ter medo do cemitério e a evitá-lo. Então, um dia ele foi enviado para o *gurukul*, a "universidade na floresta", e ali também ele sentia medo de ficar sozinho e do escuro.

Depois de vários anos, ele voltou para casa. Nessa época, ele já era um jovem, mas seu medo tinha crescido com ele. Uma noite, o homem santo pediu que ele atravessasse o cemitério e fosse até a aldeia numa missão. Mas o jovem começou a tremer com a ideia de cruzar o cemitério à noite e respondeu: "Como posso ir até lá em meio à escuridão? Aquele lugar é assombrado por fantasmas que comem gente".

O homem santo soltou uma risada; amarrou um amuleto ao redor do braço do jovem e disse: "Agora você pode ir. Agora, os fantasmas não poderão fazer nenhum mal a você. Com esse amuleto, Deus sempre o protegerá e estará com você e, assim, os fantasmas não poderão mais aparecer para você. Com Deus ao seu lado, como você pode temer os fantasmas?

Então o jovem foi e não encontrou nenhum fantasma por lá, o que para ele foi a prova de que Deus era onipotente. Desse modo, os fantasmas desapareceram, mas Deus entrou em cena; e Deus, que tinha sido introduzido para afastar os fantasmas, só poderia, é claro, se tornar um fantasma maior.

O jovem, com a ajuda de Deus, estava agora livre dos fantasmas, mas não podia se separar do amuleto, nem por um instante.

Era inevitável que ele tivesse medo do Deus, alguém capaz de aterrorizar até fantasmas. Ele passou a ter medo de que Deus o abandonasse por causa de algumas de suas falhas, fracassos ou crimes. E, se isso acontecesse, os fantasmas certamente se vingariam dele. Por esse motivo, ele começou a cultuar Deus e orar para ele. Não só começou a reverenciar Deus, mas, ao mesmo tempo, também começou a temer os representantes e intermediários de Deus na terra.

Ao ver tudo isso, o homem santo ficou chateado. Seu remédio tinha criado um problema ainda mais grave. Aqueles pobres fantasmas eram muito melhores do que esse Deus. Os fantasmas apenas importunavam as pessoas no cemitério, na escuridão da noite, mas esse Deus perseguia o jovem até à luz do dia! Numa noite sem lua, o homem santo tirou o amuleto do braço do jovem e jogou-o no forno da cozinha.

O jovem começou a tremer e seu rosto ficou pálido. Ele estava a ponto de desmaiar, mas o homem santo o apoiou e depois lhe contou toda a história de como os fantasmas, e depois Deus, tinham sido inventados para ajudá-lo. Quando o jovem se mostrou um pouco mais convencido, o homem santo o levou ao cemitério. Eles examinaram cada canto. O jovem ficou surpreso ao ver que não havia fantasmas em lugar nenhum.

Desse modo, os fantasmas – e também Deus – desapareceram. O jovem sentiu-se aliviado e livre de medo.

Na verdade, uma busca minuciosa por fantasmas e de suas moradas só levará à libertação.

O ego produz dor, causa tortura, cria ansiedade e sentimentos de insegurança, e provoca o medo da morte. Para encontrar uma fuga de tudo isso, a ideia de render-se a Deus foi inventada. É por causa desse medo que Deus e esse culto surgiram; entretanto, o ego na verdade nem existe. Enquanto não o buscarmos e não soubermos disso, ele existirá. Ele não existe, exceto na nossa ignorância – e como podemos nos render a algo que não existe? Se fantasmas não existem, do que precisamos escapar? Deus só é necessário por causa da existência dos fantasmas. A rendição a Deus só é necessária por causa da existência do ego. Descubra os fantasmas do ego, não o amuleto oferecido para protegê-lo deles.

Mergulhe dentro de si mesmo e descubra onde esse ego existe. Assim que você começar a buscá-lo, descobrirá que ele não existe. O cemitério está vazio de fantasmas, o ser dentro do eu está vazio de ego. Então o que resta é a divindade, o que é vivenciado é a rendição verdadeira e o que existe é *brahman*, o supremo.

16 O veneno da fé

Uma velha senhora estava muito doente. Como morava sozinha, a vida dela era muito difícil. Um dia, no início da manhã, duas mulheres bondosas, que pareciam muito religiosas, foram visitá-la. Tinham marcas de hena nas mãos e fios de contas de oração. Elas começaram a ajudar a idosa e disseram: "Com a graça de Deus, tudo ficará bem. Fé é poder, e ela nunca é demais".

Essa mulher simples confiou nas outras duas – mais porque vivia sozinha, e uma pessoa que vive sozinha quer confiar nas pessoas. Ela estava sofrendo e, quando as pessoas estão com problemas, confiam muito facilmente. Essas mulheres desconhecidas cuidaram da anciã o dia inteiro. Por causa da ajuda delas e os discursos religiosos que fizeram ao longo do dia, a confiança da velha senhora ficou ainda mais forte.

Na hora de dormir, seguindo as instruções das mulheres, ela se deitou sob o cobertor para que pudessem oferecer uma oração a Deus pela saúde dela. As duas queimaram incenso; aspergiram água perfumada pelo quarto e uma das mulheres, com as mãos na cabeça da senhora, começou a recitar alguns mantras desconhecidos. Mais tarde, ao som da doce música dos mantras, a velha senhora adormeceu.

À meia-noite, ela acordou. A casa estava às escuras. Quando acendeu a lamparina, descobriu que as duas desconhecidas a haviam deixado fazia muito tempo. As portas da casa estavam escancaradas e seu cofre tinha sido arrombado. A confiança dela tinha realmente rendido frutos – não só para si mesma, mas para aquelas duas falsárias! E não há nada de surpreendente nisso, porque a fé sempre rende frutos para os falsários.

Religião não é fé; é discernimento. Não é cegueira; é um tratamento para o ego. Mas o discernimento é um obstáculo para aqueles que querem explorar as pessoas e, por isso, eles administram o veneno da fé.

Pensar é uma revolução, e como é impossível explorar um revolucionário, as pessoas são instruídas a ter uma "fé". O pensamento torna a pessoa livre, faz dele um indivíduo. Mas, para explorar, você precisa de ovelhas, precisa de seguidores de mente fraca. Assim o pensamento é extirpado e a fé, cultivada.

O ser humano está desamparado e, portanto, em sua impotência, em sua solidão, ele aceita a fé. A vida é dolorosa e, portanto, para fugir dela, a pessoa descansa no regaço de qualquer fé ou crença. Esse estado de coisas definitivamente oferece uma oportunidade de ouro para os exploradores e egoístas. A religião está nas mãos dos falsários, e é por isso que há irreligião no mundo. Enquanto a religião não se livrar da fé, não haverá religião de verdade.

Somente quando a religião for combinada com a ferocidade do discernimento haverá liberdade, e a verdade e o poder surgirão. Religião é poder porque pensar é poder. A religião é leve. E a religião é leve porque o intelecto é leve. Religião é liberdade, porque discernimento é liberdade.

17 Liberdade, liberdade, liberdade!

Religião, religião, religião! Fala-se tanto de religião, mas qual o resultado disso? Ouço todo mundo citando as escrituras, mas qual o resultado disso? O homem ainda está se afogando em dor e infelicidade e estamos apenas repetindo os princípios que nos ensinaram. A vida está se deteriorando a cada momento, seguindo em direção ao animalismo, e aqui estamos nós, nos prestando culto – como sempre – em templos de pedras.

Talvez estejamos tão absortos em palavras, em palavras sem vida, que perdemos o poder de ver a verdade. Nossa mente está tão apegada às escrituras que perdemos o poder de descobrir por nós mesmos. E talvez seja essa a razão de existir um abismo instransponível entre o pensamento e a ação. E talvez, pelo mesmo motivo, continuemos vivendo da maneira contrária ao que dizemos querer. O mais incrível é que nem sequer percebemos essa contradição!

Não ficamos cegos, mesmo que nossos olhos ainda estejam intactos?

Eu reflito sobre essa cegueira e acho que são justamente essas verdades – que as pessoas não descobriram por si mesmas – que nos arrastam para toda essa confusão. A verdade, se descoberta pelo eu, leva à liberdade. Mas, se elas não são descobertas por nós mesmos, causam amarras ainda maiores.

Não há mentiras maiores do que as verdades que aprendemos com os outros. Essas verdades emprestadas causam contradições muito problemáticas na vida.

Havia um papagaio domesticado que morava numa estalagem nas montanhas. O papagaio repetia, dia e noite, o que seu dono lhe ensinava. Ele costumava dizer: "Liberdade, liberdade, liberdade!"

Um viajante chegou um dia nessa estalagem e as palavras do papagaio o tocaram profundamente. O homem tinha sido preso várias vezes enquanto lutava pela liberdade de seu país e, quando o papagaio, quebrando o silêncio total das montanhas, gritou: "Liberdade, liberdade, liberdade!", algo ecoou dentro do coração do viajante. Ele se lembrou dos dias de prisão e de que seu próprio ser interior também costumava gritar: "Liberdade, liberdade, liberdade!"

De madrugada, o viajante levantou-se da cama e tentou libertar o papagaio que gritava pela sua liberdade. Ele tentou arrancar o papagaio da gaiola, mas o pássaro não estava disposto a sair. Muito pelo contrário, ele se agarrava às barras da gaiola e gritava ainda mais alto: "Liberdade, liberdade, liberdade!"

Com grande dificuldade, o viajante finalmente conseguiu tirar o papagaio da gaiola. Depois de libertá-lo, o homem caiu num sono profundo.

Mas, quando se levantou pela manhã, viu que o papagaio estava feliz dentro da sua gaiola, gritando: "Liberdade, liberdade, liberdade!"

18 Destemor

Ouvi uma história. Havia uma guerra e um bombardeio de repente começou. Um padre, que caminhava ao longo de uma trilha solitária, começou a correr para se salvar e se refugiou numa gruta onde havia lobos. Assim que entrou na gruta, viu que um oficial militar já estava escondido lá. O oficial se espremeu num canto para dar espaço ao recém-chegado. Então as bombas começaram a cair ao redor da gruta e o padre começou a ficar com muito medo. Sentou-se na postura de lótus e começou a rezar. E rezava em voz alta.

Quando abriu os olhos, descobriu que o oficial militar estava rezando também. Quando o ataque terminou, o padre disse: "Irmão, vi que você também rezou". O oficial militar começou a rir e disse: "Senhor, de que outro jeito pode ficar um ateu numa gruta cheia de lobos?"

A primeira condição para encontrar a verdade é o destemor.

E pense: o medo pode se transformar em amor? Se o medo não pode se transformar em amor, como pode se transformar em oração?

A oração é o amor em sua perfeição.

Mas os próprios alicerces dos templos construídos pelo homem são erigidos com tijolos de medo, e o deus esculpido pelo medo é feito com sentimentos de medo. É por essa razão que tudo o que possuímos é falso – porque o que poderia ser verdadeiro para aqueles cujo Deus não é de verdade?

E é de admirar que o próprio alento daqueles cujos pensamentos são falsos, cujo amor é falso, cuja oração é falsa seja falso também?

Através do amor apenas: a oração só é verdadeira quando ela é fruto do amor.

Será que você também não está buscando Deus através do medo? Será que as suas orações não são também baseadas no medo? Lembre-se de que uma religião baseada no medo não é uma verdadeira religião. Prefiro um ateu destemido do que um teísta cheio de medo, porque é impossível alcançar Deus através do medo.

E através do conhecimento, e somente do conhecimento, que o Deus que *de fato* existe pode ser contemplado. Eu digo amor, e a intensidade do amor por si mesma converte a sua vida em oração. Eu digo desperte seu próprio intelecto, porque somente seu despertar permitirá que você veja o divino. Amor e intelecto: a pessoa que entende esses dois mantras básicos é capaz de conhecer tudo que precisa conhecer, que vale a pena conhecer e que pode conhecer.

Onde está o templo de Deus? Quando alguém me pergunta isso, eu digo que está no amor, no intelecto.

Certamente, o amor é Deus, o intelecto é Deus.

19 Os portões do céu

Havia uma grande multidão, um dia, nos portões do céu.
Alguns sacerdotes gritavam: "Abram os portões, rápido!" Mas os guardiões dos portões diziam: "Esperem um pouco. Deixem-nos descobrir mais sobre vocês, para saber se o conhecimento que acumularam vem das escrituras ou do seu próprio ser, porque aqui não vemos valor nenhum no conhecimento acumulado com base nas escrituras".

Nesse momento, um homem santo foi até a frente da multidão e disse: "Abram os portões! Eu quero entrar no céu. Fiz muitos jejuns e penitências. Na minha época, quem fez mais penitências do que eu?"

O guardião dos portões do céu respondeu: "Swamiji, espere um pouquinho. Precisamos descobrir por que você fez essas penitências, porque, onde há o menor desejo de se ganhar alguma coisa, não existe renúncia nem penitência".

Naquele momento, alguns assistentes sociais se aproximaram dos portões. Também queriam entrar no céu. Mas o guardião disse a eles:

"Vocês também se deixaram levar por um grande mal-entendido. O serviço que reivindica uma recompensa não é serviço coisa nenhuma. Mesmo assim, vamos descobrir mais sobre vocês".

Foi nesse instante que um dos guardiões viu uma pessoa que estava mais atrás, em meio às sombras, e pediu que a multidão abrisse passagem para que ela se aproximasse do portão. Os olhos do homem estavam cheios de lágrimas. Ele disse: "Sem dúvida, fui trazido até aqui por engano. Eu, no céu? Sou um tolo ignorante. Não conheço as escrituras. Nunca fiz nenhuma renúncia, porque como poderia renunciar a qualquer coisa se não tinha nada que fosse meu? Nunca fiz nenhuma boa ação. Quando eu tive a chance de fazê-las? Somente amor flui do meu coração, mas o amor não é qualificação para se entrar no céu. E a verdade é que não quero entrar no céu. Por favor, me diga como chego no inferno. Talvez esse seja o meu lugar e eu seja mais necessário lá.

Logo após esse pronunciamento, os guardiões abriram os portões do céu e disseram: "Você é abençoado entre os mortais. Ganhou a imortalidade. As portas do céu já estão abertas para você. Seja bem-vindo!"

Não se diz nas orações que, na vida, os últimos serão os primeiros? Então, não é uma bênção ser o último na vida?

20 Estado de atenção

Aconteceu numa noite de lua cheia. Era meia-noite e eu estava num lago, dentro de um barco, cercado de amigos. Ao meu redor havia rochas banhadas pela luz da lua. Tudo era incrivel-mente belo. Parecia que eu estava num sonho. O barqueiro parou de remar o barco e ficamos em silêncio no meio do lago.

Mas meus amigos não estavam ali de fato. Eles tinham me levado com eles, mas eu não sabia se eles tinham ficado para trás ou estavam à frente. Embora eu estivesse cercado deles, estava sozinho naquele lago, porque estavam todos absortos em muitas coisas das quais eu nada sabia. Eles conversavam ou sobre coisas relacionadas ao passado, que não existia mais, ou ao futuro, que também não existia. Mas sua consciência não estava ali com eles. Não estavam presentes ali naquele maravilhoso lago e naquela noite de sonho; era como se o presente não existisse para eles.

Então, de repente, um deles perguntou: "Deus existe?" Que resposta eu podia lhe dar? Pensei sobre a questão, porque de que modo eles, que não estavam nem ligados à intensidade do momento presente, podiam ter alguma ligação com Deus? A própria vida é divindade. A realização da vida é a realização da divindade. Então eu disse a eles: "Amigos, isso é um lago? Isso é a lua? E isso é a noite? E não estamos todos presentes neste lago, nesta noite maravilhosa de lua cheia?

Naturalmente, todos ficaram sobressaltados e disseram: "Sim. Não há o que questionar quanto a essas coisas".

Mas eu continuei: "Para mim não existe nenhuma dúvida, mas estou convencido de que para vocês existe. Pensem melhor, eu lhes peço. A pessoa que está presente apenas no sentido físico, só pode ter uma *ideia* da existência física deste mundo, mas aquele que está presente com toda a sua consciência pode vivenciar a divindade aqui e agora. A divindade está presente, mas só para aqueles que estão atentos a ela, para aqueles que estão realmente vivos".

A propósito, eu me lembrei de um incidente e contei a eles...

Alguns homens estavam reunidos do lado de fora de um escritório. Um deles seria escolhido para o cargo de operador sem fio. Todos os candidatos estavam ocupados, discutindo coisas inúteis. Então, lentamente, alguns sons começaram a irradiar de um transmissor, mas todos estavam tão absorvidos na conversa que os sons em volume baixo não atraíram a atenção deles.

Mas um jovem estava um pouco afastado, sozinho num canto. Ele se levantou imediatamente e entrou no escritório. O resto nem viu que ele tinha se levantado e entrado no escritório. Eles só o notaram quando, com um sorriso, ele saiu do escritório com uma carta de admissão na mão.

Naturalmente, todos ficaram sem palavras e, furiosos, perguntaram ao jovem: "Rapaz, como conseguiu entrar antes de todos nós? Chegamos aqui muito mais cedo. Você era o último da fila. Como pode ter sido admitido sem que nos avaliassem primeiro? Que embuste é esse? Por que essa injustiça?"

O jovem começou a rir e disse: "Amigos, como podem me culpar por isso? Qualquer um de vocês poderia ter sido admitido, e talvez eu fosse escolhido depois que todos vocês tivessem sido avaliados. Vocês não ouviram a mensagem transmitida pelo alto-falante?"

Todos falaram numa só voz: "Que tipo de mensagem? Que mensagem?"

Então o jovem disse: "Vocês não estavam prestando atenção aos sinais da rede sem fio? A voz produzida no transmissor disse claramente: "Queremos uma pessoa que seja sempre cuidadosa e atenta. A carta de admissão será dada à pessoa que ouvir esta mensagem e entrar no escritório antes de qualquer outra".

As mensagens de Deus também estão nos sendo irradiadas todos os dias. A natureza é a linguagem dos seus sinais. A pessoa silenciosa e atenta, que permanece alerta para esses sinais, será definitivamente convidada a entrar.

21 O caminho do amor

Deus não é amor? E o coração, envolto em amor, não é o seu templo? E a pessoa que desiste do amor e busca Deus em outro lugar não está procurando em vão?

Eu costumava me perguntar isso, agora estou perguntando a você. A pessoa em busca de Deus está anunciando que não atingiu o amor, porque a pessoa que atinge o amor também atingiu a divindade.

A busca por Deus está enraizada na necessidade de amor, mas o fato é que é impossível encontrar Deus sem vivenciar primeiro o amor. E, sendo assim, a pessoa que começa a buscar Deus não o encontrará, e também será privada de encontrar o amor. Mas a pessoa que busca o amor acabará por encontrar o amor e, por fim, Deus.

O amor é o caminho, o amor é a porta, o amor é a energia que move os nossos pés; o amor é a sede da vida e, no final, o amor é a realização da vida. Na verdade, o amor é Deus.

Eu digo: esqueça Deus e encontre o amor. Esqueça os templos e mergulhe dentro do seu coração, porque, se Deus existe, ele está ali.

Se existe uma imagem de Deus, essa imagem é o amor. Mas essa imagem se perdeu entre ídolos de pedra. E se existe um templo de Deus, é o coração, mas o templo do coração foi completamente encoberto por templos de barro. Deus está perdido entre ídolos e templos feitos para ele. É difícil encontrá-lo por causa dos seus sacerdotes. Tornou-se impossível ouvir a voz dele por causa do ruído dos cânticos e das orações entoadas para ele.

Se o amor retornar à vida do homem, Deus também retornará junto com ele.

Um erudito foi visitar um homem santo. Ele estava carregando uma pilha tão grande de escrituras na cabeça que, quando chegou à cabana do santo, estava quase morto de cansaço. Assim que chegou, perguntou ao santo: "O que preciso fazer para encontrar Deus?"

A pilha que ele estava levando ainda estava ali, equilibrada na cabeça.

O santo disse: "Amigo, antes de tudo você precisa colocar esse fardo no chão".

O sábio relutou por um instante. Por fim, tomou coragem e descarregou a pilha no chão. Sem dúvida, você precisa de uma coragem inabalável para se livrar dos fardos que carrega na alma. Mas, mesmo assim, ele manteve uma mão sobre a pilha.

O santo disse: "Amigo, tire a mão também".

Esse homem devia ser muito corajoso, porque, reunindo todas as suas forças, ele retirou a mão da pilha. Então o santo disse: "Você já está familiarizado com o amor? Seus pés já viajaram pelas veredas do amor? Se não, siga em frente e entre no templo do amor. Viva o amor e o conheça, então volte. Posso garantir que eu o levarei a Deus depois disso".

O erudito voltou para casa. Ao procurar o santo, ele se considerava um homem instruído, mas agora não mais. Ele tinha deixado todos os conhecimentos acumulados para trás. Esse homem certamente era incomum e abençoado, porque é mais fácil desistir de um trono do que do conhecimento, afinal, o conhecimento é a maior muleta do ego. Mas é necessário perdê-lo para encontrar o amor.

O oposto do amor é o ódio. O principal inimigo do amor é o ego, e o ódio é um dos seus filhos. Apego, falta de apego, desejo, liberdade do desejo, ganância, ódio, ciúme, raiva, inimizade – são todos filhos dele. A família do Ego é muito grande.

O santo acompanhou o homem até os arredores da aldeia e se despediu dele ali. O homem merecia isso; o santo estava satisfeito com sua coragem. Onde há coragem, é possível que nasça a religião. A coragem leva à liberdade e a liberdade nos deixa cara a cara com a verdade.

Mas os anos se passaram. O santo ficou cansado de esperar pelo retorno do homem, e ele não voltou. Por fim, o santo partiu em busca dele e um dia o encontrou. Ele foi encontrado, perdido dentro de si mesmo, dançando numa aldeia. Foi difícil até mesmo reconhecê-lo. A felicidade o rejuvenescera. O santo parou diante dele e perguntou: "Por que você não voltou? Cansei-me de esperá-lo, então vim eu mesmo atrás de você. Você não quer mais encontrar Deus?

O homem disse: "Não, de modo nenhum. No momento em que descobri o amor, nesse mesmo instante, encontrei Deus também".

22 Muitos tipos de autoengano

Disse, certa vez, uma mulher: "Eu quero mudar. O que devo fazer?" Eu disse a ela que era preciso primeiro evitar mudar a roupagem que ela usava, porque sempre que chega o momento de uma autotransformação na vida de uma pessoa, a mente dela pensa em mudar de roupagem. Isso é conveniente para a mente; é aqui que reside a segurança dela. Ao mudar de roupagem, a mente não morre; pelo contrário, vestir uma nova roupagem, em vez das velhas e desgastadas, prolonga a vida dela.

Ao mudar de roupagem, não ocorre a autotransformação; pelo contrário, o ego se realiza, e a realização do ego é suicídio.

A mulher me perguntou a que roupagem eu me referia.

Eu disse: "Existem muitos tipos de roupagem, disfarces e autoenganos. Você deve ter cuidado com o que usa para se encobrir. Tudo o que encobre a realidade do eu serve para enganar o eu. Dou a isso o nome de "roupagem". Se um homem é pecador, ele veste a roupagem da virtude; se um homem é violento, ele veste a roupagem da mansidão; se um homem é ignorante, ele se enche de palavras e se encobre com esse conhecimento. É um truque antigo da mente não religiosa vestir a roupagem da religião para evitar a religião".

Perguntei à mulher se ela não conseguia ver que o que estava dizendo estava sempre acontecendo.

Ela pensou um pouco e disse: "Eu quero me tornar freira".

Eu disse: "Ora, saiba que a mudança de roupagem já começou". Sempre que uma pessoa quer se tornar algo, a conspiração da mente já começou. A ambição de se tornar algo pertence à mente. Essa ambição quer fugir do que é real e se esconder atrás do que não existe. Os ideais dão origem a todos os disfarces e máscaras. Uma pessoa que quer conhecer a verdade – e nenhuma autotransformação desde as raízes é possível sem se saber a verdade –, precisa primeiro saber quem ela realmente é. A revolução ocorre não com o desejo de ser algo que não se é, mas no total desdobramento daquilo que se é. Quando uma pessoa vem a conhecer a verdade sobre si mesma em sua totalidade, esse conhecimento torna-se uma revolução, uma transformação. Na revolução de saber não existe uma lacuna de tempo. Não existe um intervalo de tempo na revolução que decorre do saber. Onde há uma lacuna no tempo, não há revolução, mas apenas uma tentativa de mudar o disfarce.

Então contei a ela uma história...

Um dia, alguém se aproximou de Abu Hasan e disse: "Oh, santo, bem-amado de Deus, estou horrorizado com a minha vida pecaminosa e decidido a mudar. Quero me tornar um santo. Você não teria compaixão de mim? Você pode me dar as roupas sagradas que você usa? Eu também quero me tornar santo usando-as".

O homem prostrou a cabeça sobre os pés de Hasan e encharcou-os com as suas lágrimas. Não havia como duvidar do seu desejo intenso – não eram suas lágrimas um grande testemunho?

Abu Hasan o pegou e disse: "Amigo, antes de eu cometer o erro de lhe dar as minhas roupas, você também poderia fazer a gentileza de responder a uma pergunta? Uma mulher pode se tornar um homem vestindo roupas masculinas, ou existe algum homem que possa se tornar mulher vestindo roupas femininas?"

Esse homem enxugou suas lágrimas – talvez ele tivesse ido ao lugar errado – e respondeu: "Não".

Abu Hasan começou a rir e disse: "Aqui estão as minhas roupas. Mas que diferença fará mesmo se você colocar a minha pele? Alguém já se tornou santo vestindo as roupas de um santo?"

E se eu estivesse no lugar de Hasan, teria dito: "Alguém já se tornou um santo inspirado no desejo de se tornar um santo? A santidade acontece. É fruto do conhecimento. E onde quer que exista o desejo de ser algo, não existe conhecimento, porque uma mente movida pelo desejo torna-se inquieta, e como é possível encontrar conhecimento na inquietação? Onde quer que exista o desejo de se tornar alguma coisa, existe uma fuga de si mesmo. E como uma pessoa que foge do seu ser pode conhecê-lo? É por isso que eu digo: não fuja, em vez disso, acorde. Não mude, em vez disso, observe – porque aquele que acorda e observa a si mesmo descobre a religião batendo à sua porta".

23 Ego: o pináculo da religião

Um homem rico ofereceu uma festa aos amigos para comemorar uma ocasião especial. O rei também estava na festa, então a alegria do rico não tinha limites.

Mas mal os convidados começaram a chegar, a felicidade dele se transformou em raiva. Um de seus escravos deixou cair um prato cheio de comida quente aos seus pés e o queimou. A raiva chamuscou em seus olhos. Com certeza, o escravo não viveria muito tempo! Ele começou a tremer de medo. Mas um homem que está se afogando se agarra até a uma folha de capim; ele citou um ditado das santas escrituras do seu país: "Aquele que controla sua ira vai para o céu".

Seu mestre ouviu. Embora seus olhos estivessem cheios de raiva, ele se controlou e disse: "Não estou com raiva". Ao ouvir isso, os convidados naturalmente começaram a aplaudi-lo e até o rei o elogiou. A raiva nos olhos do homem rico transformou-se num orgulho egoísta. Ele ficou todo presunçoso.

Mas então o escravo falou novamente: "O céu é para quem perdoa..."

O mestre disse: "Eu perdoo você".

No entanto, como pode haver perdão nos olhos cheios de ego? Mas o ego também pode alimentar o perdão. Os caminhos do ego são muito sutis.

Esse homem rico agora parecia muito religioso aos olhos dos convidados. Eles sempre fora conhecido por explorar as pessoas. Vendo esse novo lado dele, ficaram maravilhados. O rei, sentado à frente, também olhou para o homem rico como se estivesse olhando para alguém superior a ele. O homem já não pertencia à terra; sua cabeça já tocava o céu.

Por fim, o escravo terminou de citar a escritura:

"... porque Deus ama aqueles que têm compaixão".

O homem rico olhou em volta. A ganância mundana sempre estivera em seus olhos, mas naquele dia ela se tornara espiritual, e ele disse ao escravo: "Vá, eu o liberto. Agora você não é mais meu escravo". E ele também lhe deu um saquinho cheio de moedas de ouro.

A raiva em seus olhos se transformou em ego, e esse ego se transformou em ganância.

Raiva, ganância, ódio, medo – não são todos manifestações que vêm da mesma fonte?

E se a religião é tão barata, que homem rico não gostaria de comprá-la?

A religião também não se apoia nos pilares do medo e da ganância?

Então, eu pergunto: quais são os pilares da irreligião? Se o ego é o pináculo do templo da religião, então qual será o pináculo do templo da *irreligião*?

24 O ouro interior

Eu estava hospedado na casa de um multimilionário. O que esse homem não tinha? Mas os olhos dele eram muito fracos, e era impossível não se sentir tocado quando você os via. Desde a manhã até a noite, ele vivia ocupado, ficando cada vez mais rico. A vida dele se resumia a contar dinheiro, cuidar do seu tesouro e mantê-lo seguro, mas ele não era rico coisa nenhuma. Talvez fosse apenas um zelador do dinheiro. Ao longo do dia ele o ganhava, e à noite o guardava. Pelo mesmo motivo, não podia nem mesmo dormir. Que guardião de riquezas já foi capaz de dormir? O sono, o sono sem sonhos, é um tesouro apenas daqueles que se libertam da loucura de todo o tipo de riqueza – do dinheiro, da fama, da religião. Aquele que está se ocupando de qualquer tipo de corrida passa seus dias e noites sem ter paz. A falta de paz se esconde nas sombras de uma mente tumultuada.

Quando a mente descansa, há paz.

À noite, quando me despedi daquele pobre – mas multimilionário – anfitrião para ir me deitar, ele disse: "Eu também quero dormir.

Mas não consigo nem pregar os olhos. Minhas noites são passadas em claro, em meio a preocupações. Não dá nem para acreditar no tipo de pensamento irrelevante que fica dando voltas na minha cabeça! Não dá nem para acreditar no número de coisas que me assustam! Por favor, diga-me o caminho para um sono saudável e pacífico. O que devo fazer? Estou enlouquecendo".

Que método eu poderia sugerir a ele? Eu conhecia essa doença: era a riqueza. A riqueza brincava com ele durante o dia e o atormentava durante a noite. A noite é apenas uma reação ao dia, o resultado dela.

Seja qual for o problema, o fato é que a causa básica desse problema é a busca por algum tipo de segurança fora de si mesmo. Essa busca não proporcionará segurança e só aumentará a doença. E mesmo depois de desistir de todas as tentativas de encontrar segurança, enquanto a pessoa não voltar para si mesma, toda a sua vida continuará sendo um longo e doloroso sonho. A segurança verdadeira não existe, exceto dentro do eu. Mas para encontrá-lo, a coragem de permanecer inseguro em todos os aspectos é essencial.

Eu contei ao homem uma história, e então disse: "Agora vá dormir" – e, surpreendentemente, ele dormiu.

No dia seguinte, tinha lágrimas de gratidão e felicidade nos olhos.

Hoje, quando penso nisso, mal posso acreditar. Que magia essa história operou nele? Talvez em tal estado de espírito até mesmo uma coisa comum torna-se extraordinária. Algo desse tipo deve ter acontecido. Provavelmente, a flecha atingiu o alvo de maneira involuntária. Naquela noite ele dormiu, é verdade. E, a partir de então, novas flores começaram a brotar na vida dele.

Que história eu contei? É natural que o desejo de saber apareça em seus olhos.

Um santo foi visitar uma grande cidade. Os santos vivem para lá e para cá, mas havia algo incomum com relação a esse. Milhares de pessoas visitavam a sua choupana, e quem chegasse perto dela retornava com a mesma fragrância e frescor que se encontra ao cavar sob as rochas das cachoeiras ou no silêncio total da floresta ou sob as estrelas do céu noturno.

O nome do santo também era incomum: Koti Karna Shrone. Ele era muito rico antes de se tomar *sanyas* e costumava usar nas orelhas aros no valor de dez milhões de rupias. É por isso que seu nome era Koti Karna "orelhas de dez milhões". Ele tinha dinheiro, mas quando descobriu que sua pobreza interior não tinha desaparecido, ficou verdadeiramente rico renunciando a essa riqueza. Ele costumava dizer o mesmo aos outros; e a música que emanava do seu hálito era seu testemunho, a paz que fluía dos seus olhos era seu testemunho; a alegria que advinha das palavras dele e dos seus silêncios era seu testemunho. Se a mente está madura, libertar-se da riqueza, da fama, do *status* e da ambição torna-se muito fácil. Eles são, no final das contas, brincadeiras de criança.

Milhares de pessoas haviam se reunido nos arredores da cidade para ver e ouvir esse santo, Shrone. Ouvindo-o, a mente delas se acalmava, como o bruxulear de uma chama num local sem vento. Naquela multidão havia também uma freira cujo nome era Katiyani. Quando a noite se aproximava, ela pediu à sua criada: "Volte e acenda as lamparinas da minha casa. Não vou sair daqui e deixar essas palavras de néctar.

Quando a criada chegou à casa da ama, descobriu que tinha sido invadida por ladrões. Eles estavam reunindo seu saque dentro da casa e o líder estava do lado de fora, guardando a residência.

Ela voltou para avisar à ama imediatamente. Mas o líder da quadrilha a seguiu. Quando chegou, ela se aproximou de Katiyani e disse, nervosa: "Senhora, há ladrões na sua casa!" Mas Katiyani não prestou atenção. Ela estava perdida em outro mundo, embora continuasse ouvindo, continuasse contemplando o sábio, sentada no mesmo lugar. Mas ela estava em outro mundo. Lágrimas de amor fluíam dos seus olhos. A criada ficou nervosa e a sacudiu, dizendo: "Senhora, senhora! Os ladrões roubaram a casa. Estão levando todos os seus ornamentos de ouro!"

Katiyani abriu os olhos e disse: "Ah, não me aborreça; não se preocupe. Deixe-os levar o que querem. Todas aquelas roupas e ornamentos são irreais. Como eu estava vivendo na ignorância, eles pareciam reais. No dia em que os olhos dos ladrões se abrirem, eles também descobrirão que são irreais. Assim que seus olhos se abrirem, você descobrirá que o ouro de verdade não pode ser roubado nem levado. Estou olhando agora para esse ouro. Esse ouro está dentro do nosso ser".

A criada não conseguiu entender nada. Ela ficou ali parada, sem dizer nada. O que tinha acontecido com a ama? Mas o coração do líder dos ladrões foi tocado, como se alguma porta tivesse se aberto dentro dele, como se uma chama apagada tivesse se acendido em sua alma. Ele voltou e disse aos companheiros: "Amigos, deixe esse saque aqui. Todo esse ouro e ornamentos são irreais. Venham comigo. Vamos também procurar a mesma riqueza que a senhora desta casa encontrou e que a levou a descobrir que os ornamentos de ouro são irreais. Eu também estava procurando por esse mesmo ouro. Não está longe. Está perto. Está dentro do nosso ser".

25 O caminho para a paz

Depois de estudar todas as escrituras, Kach, filho do sábio Brihaspati, voltou para a casa de seu pai. Tudo o que era possível saber, ele sabia! Mas sua mente não tinha paz; o desejo por prazeres o inquietava; ele era agitado pelo calor do orgulho. Tinha saído em busca de conhecimento para se livrar de tudo isso, mas a inquietação ainda persistia, o peso do conhecimento a aumentava.

Isto é o que acontece. Que ligação existe entre o conhecimento das escrituras e a conquista da paz? Não existe uma ligação direta entre essas duas coisas. Pelo contrário, esse tipo de conhecimento intensifica o ego e escancara os portões entreabertos da inquietação.

Mas pode-se chamar isso de conhecimento, se não propicia paz? O conhecimento de verdade, o saber, confere paz e leveza. Será que aquilo que causa inquietação e peso também é conhecimento?

Ignorância é dor. Mas, se o conhecimento também é dor, então, onde se pode encontrar a felicidade? Se o conhecimento não proporciona paz, então talvez seja impossível encontrá-la. Se a paz não pode ser encontrada às portas da verdade, então, onde pode ser encontrada? Não há nenhuma verdade nas escrituras?

Todas essas perguntas agitavam a mente de Kach como uma tempestade. Ele estava muito preocupado. Disse a seu pai: "Eu li todas as escrituras. Tudo o que poderia ser aprendido com o meu professor, eu aprendi. Mas não encontrei paz em nada disso. Estou muito preocupado e inquieto. Agora, peço que me mostre o caminho para a paz. O que devo fazer para encontrar a paz?"

A observação dele estava correta. A paz não é encontrada nas escrituras (nem poderia ser); nem nenhum professor poderia concedê-la a você. Não é uma coisa que se pode encontrar no mundo exterior. Na verdade, não existe outra maneira de descobri-la, exceto por intermédio do eu.

O que Brihaspati disse a Kach? Ele disse: "A paz pode ser encontrada na renúncia".

O desejo de Kach pela verdade não era mera curiosidade. Era o mais profundo desejo de sua vida. Então ele desistiu de tudo. Renunciou a tudo. Passou anos de sua vida apenas com uma tanga. Fez penitências e jejuns e todo tipo de repressão corporal.

Os anos se passaram. Mas ele não conseguia ouvir os passos da paz se aproximando. Então desistiu da tanga também. E começou a viver nu. Pensou que talvez seu apego à tanga fosse um empecilho. Sua renúncia estava agora indubitavelmente completa, mas a paz ainda lhe era uma desconhecida.

Por fim, ele fez a preparação final. Achou que talvez o próprio corpo fosse o último obstáculo, que representasse um desejo de não renunciar a tudo. Mas a verdade era que todas as penitências e jejuns tinham debilitado o seu corpo e agora ele não passava de uma sombra. Mesmo assim, ele ainda estava vivo. Decidiu acabar com tudo. Acendeu uma fogueira e se preparou para desistir do seu corpo. Pelo preço que fosse, ele iria encontrar a paz. A fim de alcançá-la, estava preparado até para aceitar a morte. Quando a lenha começou a arder ferozmente, ele foi pedir a permissão do pai para saltar dentro do fogo. Mas Brihaspati o deteve com uma risada e disse: "Seu louco! O que ganhará renunciando ao corpo? Enquanto a mente estiver cheia de desejos, e ela esteve apegada a eles por tanto tempo... de nada adiantará queimar o corpo. O desejo sempre assume novos corpos e o ego encontra novas moradas. É por isso que a renúncia ao corpo não é renúncia. A renúncia da mente é a verdadeira renúncia, e na renúncia da mente está a paz, porque a liberdade com relação à mente é a paz".

Por alguns instantes, Kach ficou sem palavras. Sem saber o que fazer, ele perguntou: "Mas como é possível renunciar à mente?"

Talvez você também esteja se perguntando a mesma coisa. Quem está em busca de paz enfrenta essa dificuldade básica. Quem está comprometido com a busca da verdade e da salvação tem também essa pergunta. A própria mente é a barreira. A mente em si é a inquietação.

O que é essa mente? O desejo de ser algo não é a mente? Por um instante, saia do sono e veja essa verdade. O desejo de ser algo, a ânsia para ser algo, a sede de ser algo, não é a própria mente?

Se não há sede de nada, então, onde está a mente? Se, mesmo por um instante, estou lá, sou o que sou, e não há nenhum desejo em mim para ser outra coisa senão isso, então, onde está a mente? E se isso for verdade, como a própria mente pode procurar a paz e a verdade? É a mente que está em busca da paz, então o desejo também está lá. O que é que quer ser pacífico? O que é que quer encontrar a verdade? O que é isso que deseja a salvação? Não é a própria mente? E se tudo isso é a mente, então, como podemos ficar livres dela?

Na realidade, a renúncia à mente não pode ser obtida por meio de nenhuma tentativa ou esforço da própria mente, porque qualquer tentativa da mente só vai acabar fortalecendo-a e lhe dando mais poder – e o desejo fará o mesmo. Qualquer uma das ações da mente é apenas uma continuidade dos próprios desejos e uma busca por eles. Portanto, é natural que ela seja alimentada por suas ações e se torne mais forte.

É por isso que é impossível ficar livre da mente através de qualquer ação da própria mente. Como a mente pode ser responsável pela sua própria morte? Ela se alimenta dos desejos mundanos, mas também encontra vida no desejo pela salvação. O que existe no mundo também existe na religião. Se for malsucedida no mundo, decepcionando-se e se entediando, essa mesma mente que anseia pelo mundo e seus prazeres começa a desejar a paz, a verdade. A mente é a mesma porque, basicamente, o desejo é o mesmo.

Onde há desejo, há mente. O desejo é o mundo, o desejo é também renúncia. Todas as renúncias, todas as desistências do mundo, nascem do desejo. Todas essas são reações à indulgência – e enquanto existir alguma reação, não existe liberdade. Sempre que uma ação é uma reação a algo, ela está amarrada a ela, ela nasce dela. Trata-se de outra forma de desejo, mas é o mesmo desejo.

A renúncia também é uma indulgência. A renúncia é o próprio mundo. Seja uma indulgência ou uma renúncia, o mundo ou *sanyas*, a forma original da mente – a concentração central da mente – permanece intacta. A vida da mente é o desejo. A sede de ser algo, de obter algo, de chegar a algum lugar é a sua própria pedra fundamental. É por isso que não se encontra paz nem na indulgência nem na renúncia.

A paz existe, e só existe, quando a mente não está presente. A presença da mente significa inquietação. A ausência de mente é paz. Onde a mente não existe, existe o que é real. Mas você vai perguntar: "Como a mente pode não existir?" Meus amigos, não perguntem, porque é a mente que está perguntando. A busca do "Como" pertence à mente. A busca de maneiras e significados pertence à mente. A busca por ser alguma coisa pertence à mente. Ela sempre pergunta "Como?".

Não. Não pergunte isso, só observe quais são os caminhos da mente. Quais os meios pelos quais ela age? Por que métodos ela se torna melhor? Por que métodos ela se torna mais poderosa? Certamente, os caminhos da mente são muito sutis. Desperte para esses caminhos. Não faça nada, simplesmente fique alerta. Fique vigilante e observe suas formas e subformas. Compreenda a mente. Reconheça a sua totalidade. Fique acordado para as ações e reações dela, para seus interesses e desinteresses, gostos e aversões. Lembre-se dela a cada momento. Não se esqueça. A atenção a isso tem de ser natural. Nossos olhos devem estar nela o tempo todo, como se isso já fosse automático. A revolução só irá ocorrer por meio do entendimento e quando você conhecê-la sem nenhuma tensão ou concentração. Na verdade, saber disso é a revolução.

Ao conhecer a mente, a própria mente desaparece. Quando se aprende a reconhecê-la, ela some, porque saber e estar consciente de algo não são desejos. Não se trata de um anseio para ser, ou não ser, algo. É meramente uma vigília com relação ao que existe e o que está acontecendo. O desejo é sempre para o futuro, o saber é sempre para o presente. É por isso que o advento do saber torna-se a despedida do desejo. Conhecer a mente é liberdade da mente.

Lembre-se de que você não está libertando *a mente*, mas libertando-se dela, e na luz ilimitada da liberdade a divindade é conhecida.

26 Conhecendo uns aos outros

De manhã até a noite, vejo centenas de pessoas se entregando à prática de caluniar umas às outras. Como tiramos conclusões rápidas uns dos outros! Na verdade, nada é mais difícil do que julgar outra pessoa. Talvez ninguém, exceto Deus, tenha o direito de julgar, porque quem mais, além de Deus, tem a paciência necessária para julgar uma pessoa, uma pessoinha comum?

Nós conhecemos uns aos outros? Mesmo aqueles que nos são muito próximos, será que realmente os conhecemos? Não é verdade que nem mesmo os amigos se conhecem de verdade?

Mas nós queremos entender até mesmo aqueles que não conhecemos e tiramos conclusões rapidamente com relação aos outros!

Essa pressa é lamentável. Pois a pessoa que só fica pensando nos outros esquece totalmente de si mesma. Essa pressa é pura ignorância, porque com o conhecimento vem a paciência. A vida é muito misteriosa e aqueles que adotam o hábito de tirar conclusões precipitadas, sem pensar bem antes, não entendem muito bem isso.

Ouvi uma história ocorrida na Primeira Guerra Mundial.

Um comandante disse aos soldados, enfileirados: "Homens, cinco de vocês terão de partir numa missão muito perigosa. Aqueles que estiverem preparados para assumir esse risco voluntariamente deem dois passos à frente".

Ele mal acabara de falar quando um soldado montado a cavalo chegou, desviando sua atenção. Ele trazia uma mensagem muito importante para o comandante. Depois de ler a mensagem, o comandante levantou os olhos para os soldados da sua unidade e ficou furioso ao ver que nenhum tinha dado dois passos à frente. Seus olhos fulminaram os soldados e ele gritou: "Seus covardes! Vocês são uns fracos! Será que não há nem um homem de verdade entre vocês?" Ele lançou muitas outras acusações contra os soldados e ameaçou puni-los.

Só então observou que não só um, mas todos os soldados tinham dado dois passos à frente, saindo da fila!

27 Nadando com a existência

Um dia, sentei-me à beira de uma estrada. Sentado sob a ampla sombra de uma árvore, comecei a olhar para as pessoas que passavam.

Ao vê-las, vários pensamentos cruzaram minha mente. Todas corriam para algum lugar – crianças, jovens, velhos, mulheres, homens –, estavam todas fugindo. Os olhos delas pareciam buscar algo e os pés avançavam, ocupados com uma longa jornada. Mas para onde corriam? Qual era o propósito dessas pessoas e, no final, saberiam que tinham chegado a algum lugar?

O mesmo pensamento surge em mim quando vejo vocês.

Quando penso nisso, sinto uma dor profunda, porque sei que vocês não chegarão a lugar nenhum. Não chegarão porque a sua mente e seus pés estão correndo na direção contrária à existência.

O segredo para chegar a algum lugar na vida é mover-se na mesma direção da existência. Pois nenhuma outra, nenhum outro caminho, leva a lugar algum. Nade a favor da existência. Nadando contra ela, a pessoa só se despedaça e destrói a si mesma.

Qual é o medo do ser humano? Qual é a sua preocupação? Qual é a dor que ele sente? Qual é a sua morte? Vejo que todos os nossos problemas vêm das nossas tentativas inúteis de nadar contra o fluxo da existência. O ego é dor, o ego é uma doença –, porque o ego segue na direção oposta à existência, e oposição à existência é oposição ao eu.

Ouvi uma história...

O piloto de uma pequena aeronave voava a duzentos e quarenta quilômetros por hora. De repente, ele se deparou com uma corrente de vento fortíssima. Era uma tormenta. Talvez o vento também estivesse a duzentos e quarenta quilômetros por hora, mas na direção contrária à do avião. Enquanto ele atravessava a tempestade feroz, a vida do piloto estava em risco e parecia impossível pousar o avião com segurança.

O estranho era que todas as partes da aeronave estavam funcionando normalmente e os motores faziam um barulho alto, mas ainda assim o avião não avançava nem um centímetro.

Mais tarde, o piloto disse: "Que experiência mais estranha! Eu não estava avançando, embora estivesse voando à velocidade de duzentos e quarenta quilômetros por hora! Estava voando tão rápido e, no entanto, não estava indo a lugar nenhum!"

Não é verdade também que nos movendo contra nós mesmos não podemos chegar a lugar algum? A felicidade na vida pertence àqueles que vivem no eu, conhecem o eu e alcançam o eu.

Isso também não é verdade na vida? também não acontece em todo lugar? Aqueles que não seguem na mesma direção da existência não descobrem que estão de fato avançando, mas sem chegar a lugar algum?

A divindade é a existência interior do eu; a existência é a própria forma do eu.

28 Imperadores, não escravos

O que eu ensino? Ensino um pequeno segredo. Ensino o segredo de como se tornar um imperador no mundo. Que segredo poderia ser maior que esse pequeno segredo?

Você pode estar se perguntando como é possível todo mundo se tornar imperador. Eu digo que todo mundo pode; há um grande império onde todos são imperadores. Mas todos os que conhecemos no mundo são apenas escravos. Mesmo aqueles que estão sob a ilusão de que são imperadores não passam de escravos.

Assim como existe um mundo exterior ao ser humano, também existe um mundo dentro dele. No mundo exterior, ninguém jamais foi imperador, embora a maioria passe a vida lutando para se tornar imperador.

Será que você também está na mesma luta, na mesma competição? Aquele que quer se tornar imperador, isto é, governar não o mundo, mas a si mesmo...

Jesus disse: "O reino de Deus está dentro de você".

Você não sabe que aqueles que conquistaram reinos no mundo exterior perderam o próprio ser? E como alguém que perde a si mesmo se torna imperador? Para ser um imperador, é imperativo que você pelo menos conheça a si mesmo. Não! Não! O mundo externo leva você ao extremo da pobreza. Neste mundo, aqueles que se parecem com imperadores são escravos de seus próprios escravos.

Os desejos, os anseios e as ambições não dão liberdade. Pelo contrário, eles o amarram na mais imperceptível porém mais forte das amarras. Nunca se fez – nem nunca se poderá fazer no futuro – correntes tão fortes quanto as correntes dos desejos. Na verdade, nenhum aço é tão forte. Como uma pessoa presa a essas correntes invisíveis um dia se torna um imperador?

Havia um rei: Frederico, o Grande, da Prússia. Uma noite, ele foi atacado por um homem idoso nos arredores da capital. A rua era estreita e a escuridão da noite envolvia a tudo. Com raiva, Frederico perguntou ao velho: "Quem é você?"

O velho respondeu: "Um imperador".

Frederico perguntou com espanto: "Um imperador?" E então resolveu debochar do velho: "E qual é o seu reino?"

O velho respondeu: "O meu próprio ser".

Certamente, aqueles que governam o eu são de fato imperadores.

29 Indiferença com relação à religião

Por que essa indiferença com relação à religião? E por que ela está aumentando a cada dia?
Ouvi uma história...

Havia uma aldeia. Os moradores eram muito simples. Qualquer coisa que lhes diziam, eles aceitavam. Nos arredores da aldeia, havia uma estátua do deus dessas pessoas. Um santo foi à aldeia, reuniu todos os aldeões e disse: "Isso é muito ruim, muito ruim! Seus tolos! Vocês moram na sombra e, no entanto, seu deus fica no sol? Coloque um telhado sobre o seu deus. Vocês não veem quanto ele está irritado?"

Os moradores eram muito pobres, mas, tirando as telhas das próprias casas, conseguiram fazer um telhado para o seu deus. Depois que o telhado estava terminado, o santo foi para outra aldeia. Ele estava encarregado não só de uma aldeia, mas de muitas. Havia muitos deuses e ele tinha assumido a responsabilidade de proporcionar abrigo a todos eles.

Então, depois de alguns dias, outro santo chegou à aldeia. Ficou perturbado quando viu o telhado sobre a imagem do deus. Reuniu os moradores da aldeia e os repreendeu, dizendo: "Isso é muito ruim. Seus tolos! Por que colocaram um telhado sobre o seu deus? Ele precisa dessa cobertura? Se houver um incêndio, ele será queimado. Tire-o e jogue-o fora, agora mesmo!"

Os aldeões ficaram surpresos. Mas o que mais podiam fazer? Achavam que qualquer coisa que os santos diziam estava sempre correta e, se não aceitassem as palavras deles, podiam lançar uma maldição sobre eles que duraria muitas vidas ou fazê-los apodrecer no inferno. Deus está nas mãos dos santos e o desejo deles, portanto, é lei.

Aquela pobre gente teve que tirar o telhado e jogá-lo fora. O trabalho de tantos dias, a energia e os recursos dessas pessoas pobres foram todos desperdiçados. Mas certamente o que acontecera fora uma sorte, porque tinham sido salvos da vergonha de manter um telhado sobre o seu deus! Depois de tirarem o telhado, o santo foi para outra aldeia. Afinal, ele não tinha apenas uma aldeia para cuidar, mas várias. Havia muitos deuses, e era responsabilidade dele manter todos livres de qualquer telhado.

Mas logo outro santo chegou à aldeia. Naquela época, os aldeões já estavam mais alerta e não pegavam mais a estrada da estátua do deus, nem por engano. Não sabiam que outros problemas isso poderia causar. Então simplesmente pararam de seguir por aquela estrada.

Descobri que o que aconteceu naquela aldeia acontece no mundo todo. Os santos fizeram coisas tão feias e criaram tanto medo na mente das pessoas – tudo em nome da religião –, que não é nenhuma surpresa que elas tenham parado de seguir o caminho de Deus.

A indiferença à religião é, em última análise, a indiferença ao medo e à fé cega espalhados por esses chamados santos.

A indiferença à religião é a indiferença à exploração, à hipocrisia e à tolice que vem na esteira da religião.

A indiferença à religião é a indiferença a todas as seitas que se tornaram substitutos falsos da religião.

A indiferença à religião é a indiferença ao ódio, ao ciúme e à animosidade criada pelos santos.

A indiferença à religião não é a indiferença a ela, mas é, na verdade, a indiferença a tudo o que não é religião.

30 Encontre o problema primeiro

O primeiro-ministro do rei havia morrido, por isso o rei teve de enfrentar o difícil desafio de encontrar a pessoa mais inteligente no reino para torná-la o novo primeiro-ministro. Depois de vários tipos de testes, três pessoas foram finalmente selecionadas. Dessas três, uma precisava ser escolhida.

Um dia antes do teste para a seleção final, surgiu um boato de que o monarca trancaria os candidatos numa sala, em cuja porta seria colocado um cadeado inviolável, feito pelos melhores especialistas do reino, e que só poderia ser aberto por uma pessoa de grande conhecimento em matemática. Desses três candidatos, dois não conseguiram dormir aquela noite, de tanta preocupação e entusiasmo. Durante toda a noite, ficaram estudando livros sobre cadeados e tentando memorizar números e fórmulas matemáticas.

Um pouco antes do amanhecer, estavam com a mente tão abarrotada de aritmética que mal conseguiam somar dois mais dois. No caminho para o palácio, esconderam alguns livros de matemática sob as roupas, certos de que, em algum momento, eles seriam necessários. Aos olhos deles, estavam absolutamente preparados, embora suas mentes estivessem anuviadas e seu andar, trôpego, por ficarem acordados estudando durante a noite toda. Estavam intoxicados de tratados e teorias. Mas, para ambos, o terceiro homem que havia dormido tranquilamente na noite anterior, era um louco. O que mais sua despreocupação poderia indicar além disso? Ambos tinham dado muita risada e ainda estavam rindo da idiotice do homem.

Assim que chegaram ao palácio, acreditaram que todos os boatos que tinham ouvido certamente eram verdade. Foram imediatamente trancados num grande cômodo em cuja porta estava o cadeado de que muito se falara. Para a época, o cadeado era uma soberba invenção da mecânica. Tinha sido construído com base na matemática e era um enigma desafiador que só poderia ser resolvido matematicamente. Eles tinham descoberto todas essas coisas através dos rumores, e a as figuras aritméticas e as marcas feitas no cadeado pareciam uma prova disso.

Depois de fechados na sala, os três homens vieram a saber que quem abrisse o cadeado e conseguisse sair primeiro seria nomeado primeiro-ministro pelo rei. Os dois que tinha estudado a noite inteira imediatamente começaram a decifrar as marcas do cadeado e a fazer cálculos aritméticos. Enquanto isso, também consultavam os livros que traziam com eles. Era inverno e, pelas grandes janelas da sala, soprava um vento frio, mas eles estavam com a testa molhada de suor. O tempo era curto, o problema de abrir o cadeado era difícil, e em pouco tempo o futuro de suas vidas seria decidido. Suas mãos tremiam e sua respiração era rápida. Enquanto escreviam uma coisa já calculavam outra.

Mas aquele que dormiu durante a noite toda nem examinou o cadeado, nem levantou a caneta, nem tentou resolver qualquer problema matemático. Ele ficou sentado pacientemente com os olhos fechados. Seu rosto não mostrava nenhuma preocupação nem qualquer agitação. Ao se olhar para ele, não era possível deduzir se estava pensando alguma coisa. Sua totalidade e sua presença pareciam a chama constante de uma lamparina numa sala sem correntes de ar. Ele estava absolutamente calmo e silencioso; sua mente, uma tela em branco. Mas, de repente, ele se levantou e, parecendo extremamente natural e calmo, foi lentamente até a porta da sala. Então, muito lentamente, virou a maçaneta e, surpreendentemente, a porta se abriu.

O cadeado e toda a história relacionada a ele tinham sido uma cilada. Mas seus dois companheiros, que estavam ocupados resolvendo problemas matemáticos, não tinham se dado conta disso. Eles nem perceberam que um deles já não estava na sala. Esse fato assombroso só se deu a conhecer quando o próprio rei entrou na sala e disse: "Cavalheiros, podem deixar de lado toda matemática! A pessoa que merecia vencer já é vitoriosa.

Aqueles pobres sujeitos mal conseguiram acreditar nos próprios olhos. O companheiros deles, que era indigno em todos os aspectos, estava parado atrás do rei.

Vendo que não diziam nada, o rei disse a eles: "Na vida, isto é de importância primordial: primeiro devemos descobrir se um problema realmente existe ou não, se o cadeado está realmente trancado ou não, antes de tentar resolvê-lo. A pessoa que se põe a resolver um problema sem antes identificá-lo naturalmente se engana e para sempre vive desorientada".

Essa história é estranhamente verdadeira.

Descobri o mesmo em relação a Deus. Sua porta também esteve aberta desde o início dos tempos e todos os rumores sobre os cadeados dessa porta são absolutamente falsos. Mas os candidatos ansiosos, querendo entrar em seus portões, levam suas escrituras com eles por medo desses cadeados. Então, essas escrituras e ensinamentos se tornam obstáculos para eles. Eles permanecem sentados do lado de fora. Como podem entrar pela porta, sem terem resolvido os problemas matemáticos através das suas escrituras? Raramente alguém reúne coragem para tentar abrir a porta sem consultar primeiro algumas escrituras.

Eu a abri e, ao fazer isso, descobri que, até onde os olhos podem ver, os sábios estão enterrados sob pilhas de suas próprias escrituras e tão absortos em resolver problemas que nem perceberam a chegada de uma pessoa tão indigna quanto eu. Estendi o braço e virei a maçaneta da porta e descobri que ela já estava aberta. A princípio, achei que era sorte minha e que os porteiros talvez tivessem cometido algum engano. Caso contrário, como seria possível que uma pessoa que não conhecesse nenhuma escritura e não tivesse nenhuma erudição pudesse entrar no mundo da verdade? Entrei com medo, mas aqueles que já estavam lá dentro me disseram que o boato sobre o cadeado da porta para Deus tinha sido espalhado pelo Diabo e era um boato sem nenhum fundamento, porque as portas estavam sempre abertas.

As portas do amor também não podem estar fechadas assim? Não podem as portas da verdade também estar fechadas assim?

31 A morte está oculta no nascimento

É muito surpreendente que o homem aceite o nascimento, mas não a morte, sendo que o nascimento e a morte são apenas duas extremidades da mesma ocorrência.

A morte está oculta no nascimento, afinal não é o nascimento apenas o início da morte? A partir de então, resistir à morte leva o indivíduo ao medo, e por causa desse medo, ele foge. A mente que tem medo e que foge torna-se incapaz de compreender a morte. Mas por mais que você possa correr, é impossível correr para longe da morte, porque ela está presente desde o nascimento. Não é possível fugir da morte; pelo contrário, depois de correr em todas as direções, você por fim descobre que isso só o levou à morte.

Há uma história antiga...

Vishnu foi ao Monte Kailash para encontrar Shiva. Ele foi voando para lá montado em Garuda, o rei de todos os seres emplumados. Depois que Vishnu desmontou, Garuda esperou por ele no portão.

Enquanto ele estava lá, seus olhos deram com um pombo, tremendo de medo, sentado no alto da porta. Ele perguntou do que a ave tinha medo. O pombo começou a se lamentar, dizendo: "Há pouco, o Deus da Morte entrou em seu palácio. Ao me ver, ele vacilou, olhou para mim com surpresa, e então, com um sorriso, seguiu em frente. Seu sorriso misterioso não é nada a não ser uma indicação segura da minha morte. Meu fim está próximo". E o pombo começou a piar ainda mais alto.

Garuda respondeu: "Você está com tanto medo sem necessidade. Você ainda é jovem e, portanto, não há possibilidade de que morra por causa de alguma doença. E, se teme algum inimigo, venha e sente-se nas minhas costas. Num instante, vou levá-lo para o monte Lokalok, que fica a milhares de quilômetros de distância daqui. Não haverá chance de encontrar algum dos seus inimigos ali".

Ao ouvir essa solução o pombo sentiu-se melhor, e num instante Garuda o levou à colina solitária onde ele podia viver longe de qualquer inimigo. Mas assim que Garuda voltou, ele encontrou o Deus da Morte saindo pelo portão. Garuda sorriu e disse: "Senhor, aquele pombo não está mais aqui. Ele está vivendo sem medo no monte Lokalok, que fica a milhares de quilômetros de distância. Acabei de deixá-lo lá".

Ao ouvir isso, o Deus da Morte riu alto e disse: "Então foi você que finalmente o levou para lá? Só fiquei surpreso e me perguntei como ele tinha chegado ali. Pois encontrou a morte alguns instantes depois de chegar lá".

32 A pessoa que decide renunciar a tudo não renuncia a nada

Um jovem veio até mim. Ele estava pronto para renunciar ao mundo e, logo que concluísse todos os preparativos necessários, deveria ser um *sanyasin*. Ele estava muito feliz porque seus preparativos estavam quase concluídos.

Quando ouvi o que ele tinha a dizer, comecei a rir e disse a ele: "Ouvi sobre os seus preparativos para sair pelo mundo. Como é essa preparação para a renúncia? É necessário fazer preparativos e planejar até a renúncia? E essa renúncia, que é tão bem planejada, alguma vez será uma renúncia de fato? Não será uma extensão da mente mundana?"

"O mundo e a renúncia não podem coexistir na mesma mente. A mente mundana nunca pode ser uma mente de renúncia. A mudança do mundo para a renúncia não pode ocorrer sem uma revolução profunda na mente. Essa revolução é a própria renúncia. *Sanyas* não é nem uma mudança de roupas, nem uma mudança de nome, nem uma mudança de casa. É uma mudança de perspectiva; é uma mudança total da mente, do eu. Para essa revolução, os mesmos processos que são bem-sucedidos no mundo não funcionam. A aritmética do mundo é não só inútil, mas até um obstáculo para essa revolução. Assim como as regras nos sonhos não funcionam enquanto estamos acordados, do mesmo modo as verdades do mundo não continuam sendo verdades no *sanyas*. Afinal de contas, *sanyas* é o despertar do mundo dos sonhos".

Então me detive e olhei para o jovem. Ele parecia abalado. Talvez eu o tivesse feito interromper os preparativos e depois ele viesse me procurar com outras expectativas. Mas, sem dizer nada, começou a se afastar, então eu disse: "Ouça, ouça mais uma história..."

Havia um santo chamado Ajar Kaiwan. Um homem o procurou à meia-noite e disse: "Abençoado, fiz um voto de que desistirei de todos os prazeres deste mundo mortal. Resolvi romper todos os laços com este mundo".

Se eu estivesse lá, teria dito a ele: "Ah, seu tolo, alguém que faz um juramento é um homem fraco e aquele que decide renunciar a tudo nunca faz isso. E mesmo que renuncie, ele se apega ao fato de ter 'renunciado'. A renúncia não é uma decisão da mente ignorante. É uma parte natural do conhecimento".

Mas eu não estava lá, Kaiwan é que estava. E ele disse a essa pessoa: "Você pensou corretamente".

O homem ficou satisfeito e partiu. Ele voltou depois de alguns dias e disse: "No momento, estou preparando um colchão e minhas roupas. Tão logo junte as minhas coisas, me tornarei um monge".

Mas desta vez nem mesmo Kaiwan pôde dizer que ele estava pensando corretamente. Ele disse: "Amigo, é só renunciando ao acúmulo que alguém se torna um monge e você está preocupado em acumular coisas! Vá embora, volte para o seu mundo. Você ainda não está pronto para renunciar a nada".

33 Uma vida de amor, uma vida de oração

Quando vejo as pessoas indo aos templos para adorar a Deus, começo a me perguntar se Deus existe apenas nos templos, porque, fora dos templos, não há nem o brilho da inocência em seus olhos nem o som de orações em sua respiração. Fora dos templos elas são exatamente como aquelas que nunca vão aos templos. Isso não prova a futilidade de se ir aos templos? É possível que ali fora, nos degraus do templo, você seja ríspido com todo mundo e lá dentro, no entanto, se mostre cheio de compaixão? Dá pra acreditar que mentes cruéis se tornarão automaticamente cheias de amor ao entrar pelas portas de um templo? Como as orações para Deus podem nascer naqueles corações que não têm amor pelo universo?

Aquele cuja própria vida não é amor não pode ter oração em sua vida. E aquele que não pode ver o divino em cada átomo não encontrará a divindade em lugar nenhum.

Aconteceu à noite. Um viajante desconhecido chegou ao templo de Meca muito cansado e foi dormir. Encontrando seus pés nada piedosos de frente para a sagrada pedra de Kaaba, os sacerdotes perderam as estribeiras. Arrancaram o homem do seu sono e disseram: "Que pecado você cometeu! Mas que temeridade, insultar a pedra sagrada do templo dessa maneira! Isso é modo de dormir? Certamente, só um ateu poderia apontar os pés para o Templo de Deus!

Mesmo depois de ter observado a atitude de raiva dos sacerdotes e ouvido suas palavras insultuosas e ríspidas, o viajante começou a rir e disse: "Tudo bem, colocarei meus pés onde Deus não exista. Por favor peço por gentileza que coloquem meus pés nessa direção. No meu modo de ver, o templo dele está em todos os lados e em todas as direções".

Esse estranho viajante era Nanak. Como é verdadeira a resposta dele: "Deus não existe em todos os lugares? Mas eu quero perguntar a vocês se ele também não existe sob os seus pés? Ele está ali. O que mais existe exceto ele? Existência? – ele é toda a existência. Mas os olhos que o veem apenas em templos, estátuas e rios sagrados muitas vezes ficam atordoados quando o veem em toda sua plenitude".

34 Aceite-se

Um dia eu estava numa floresta. Era a estação das chuvas e as árvores pareciam cheias de alegria. Perguntei aos meus companheiros: "Veem como as árvores são felizes? E por quê? Porque elas se tornaram o que realmente foram feitas para ser. Se a árvore desejasse se tornar algo além do potencial da sua semente, não haveria muita felicidade na floresta, mas como as árvores não sabem nada sobre ideais, tornaram-se o que a sua natureza queria que fossem. A satisfação está onde o que acontece está de acordo com a própria forma e a própria natureza. O homem está na miséria porque está contra si mesmo. Ele luta com suas próprias raízes e está constantemente lutando para ser diferente do que é. Desse modo, ele se perde e também perde esse paraíso, que é seu direito natural".

Amigos, convém desejar ser o que não se pode ser? Não é melhor desistir de todos os esforços para ser diferente do próprio eu? Não é nesse desejo que está a principal fonte de infelicidade? Que tentativa poderia ser mais impossível e sem sentido do que o desejo de ser diferente de si mesmo? Todo mundo pode ser só aquilo que pode ser: a semente encerra o desenvolvimento de uma árvore. O desejo de ser outra coisa só pode levar ao fracasso. Fracasso, porque como pode aquilo que não está oculto no eu desde o início, manifestar-se no final?

A vida é uma manifestação daquilo que está encoberto e oculto no nascimento. O desenvolvimento, o crescimento, é simplesmente sua descoberta, e quando o oculto não se manifesta, há infelicidade. Assim como uma mãe sente uma dor insuportável se carregar a criança no ventre por toda a vida, da mesma maneira, aqueles que não se tornam o que estavam destinados a ser sentem-se infelizes. Mas observo que todas as pessoas estão na mesma corrida. Todo mundo quer ser o que não é e assim ninguém nunca pode ter sucesso. Qual é o resultado final? O resultado é que as pessoas não se tornam o que poderiam ser. Como não se tornam o que não podem ser, também são privadas do que sonharam que poderiam se tornar.

O rei de uma tribo foi pela primeira vez a uma cidade grande. Ele queria ser fotografado. Foi levado então a um estúdio. O fotógrafo tinha uma placa no seu portão na qual estava escrito: "Seja fotografado como quiser. Assim como você é: 10 rupias. Como você pensa que é: 15 rupias. Como você quer se apresentar aos outros: 20 rupias. Como você gostaria de ser: 25 rupias".

Esse rei simples ficou muito surpreso com tudo isso e perguntou se apareciam ali pessoas que não desejavam o primeiro tipo de fotografia. Disseram-lhe que ainda não tinha aparecido na loja uma pessoa que quisesse o primeiro tipo de fotografia.

Posso perguntar o tipo de fotografia que você gostaria de obter desse fotógrafo? O que a sua mente diz? No fundo, você não preferia o último tipo de fotografia? É diferente se você não tem dinheiro suficiente, a pressão das circunstâncias pode fazer diferença, mas, de outra forma, quem gostaria de tirar o primeiro tipo de fotografia? Mas aquele rei "tolo" quis o primeiro tipo de fotografia, e disse: "Eu vim aqui para tirar uma fotografia minha e não de outra pessoa".

Uma placa parecida fica pendurada o tempo todo na porta da vida. Deus pendurou lá, bem antes de fazer o homem.

Toda hipocrisia deste mundo nasce do desejo de ser diferente do que se é. Quando alguém não consegue ser diferente do que é, tenta *parecer* diferente. Não é isso que chamamos de hipocrisia? E se uma pessoa falhar mesmo nessa tentativa, ela fica perturbada. Então ela se sente livre para se imaginar de qualquer maneira que quiser. Mas, se é hipocrisia ou loucura, a origem de qualquer uma das duas é recusar-se a se aceitar.

O primeiro sintoma de uma pessoa saudável é aceitar seu próprio eu. Ela nasceu para que uma foto de si mesma fosse feita, e não a foto de alguém que ela não é. Todas as tentativas de moldar-se aos outros são indicações de uma mente doente. Os chamados ideais ensinados ao homem, e as inspirações que lhe são dadas para seguir os outros não permitem que ele aceite a si mesmo – e então sua jornada começa desde o início com um desvio errado.

Mas esse tipo de "civilização" acomete o homem como uma doença crônica. Que feias e deformadas as pessoas se tornaram! Não há nada saudável ou natural nelas. Por quê? Porque em nome da cultura, da civilização e da educação, a própria natureza delas tem sido persistentemente assassinada. Se o homem não ficar alerta a essa conspiração, será destruído até suas próprias raízes.

A cultura não se opõe à natureza; ela é o crescimento dela. O futuro do homem pode ser determinado não por ideais externos, mas por sua natureza intrínseca. Então nasce uma disciplina interna que é tão natural e que abre e descobre o rosto do eu a tal ponto que a verdade suprema se torna aparente.

É por isso que eu digo, escolha você mesmo, aceite-se, procure e desenvolva a si mesmo. Além de ser você mesmo, não existe nenhum ideal para ninguém; não pode haver nenhum. A imitação é suicídio. E lembre-se de que a divindade nunca pode ser encontrada se dependermos dos outros.

35 Nossos próprios reflexos nos outros

No começo da manhã, um amigo veio me ver. Seus olhos queimavam de raiva e indignação. Ele proferia palavras duras, venenosas e cheias de ira contra uma pessoa. Eu o ouvi com paciência e depois perguntei se ele sabia de uma pesquisa sobre amor e ódio. Ele não estava com vontade de ouvir coisa nenhuma, mas mesmo assim perguntou: "Que pesquisa?"

Quando comecei a rir, ele relaxou um pouco. Então eu disse...

Um psicólogo estava fazendo pesquisas sobre amor e ódio. Ele disse a uma classe de quinze alunos de uma universidade que eles deveriam escrever, em trinta segundos, as iniciais do nome de quaisquer outros jovens que, na opinião deles, mereciam ser odiados. Um deles não conseguiu escrever o nome de ninguém; os outros escreveram alguns nomes. Um escreveu o número máximo de nomes. As descobertas dessa experiência foram surpreendentes. Os jovens que mencionaram o maior número de nomes de pessoas que odiavam eram, eles mesmos, os mais odiados pelos outros, e a coisa mais incrível e maravilhosa é que o nome da pessoa que não tinha escrito nenhum nome não estava na lista de ninguém.

Aqueles que uma pessoa encontra em seu caminho, muitas vezes provam ser como um reflexo dela. Não descobrimos nosso próprio reflexo nos outros? Se você tem ódio dentro de si, encontrará outros dignos desse ódio. Esse ódio cria e inventa o ódio por si mesmo. E essas criações e invenções têm um propósito: desse modo, a pessoa é salva do problema de ver o que é odioso dentro de si mesma. Se você faz tempestade em copo d'água e vê isso nos outros, então você começa fazer menos tempestade em corpo d'água.

Existem apenas duas maneiras de escapar da dor de poder enxergar apenas com um olho: ou você cura o seu olho ou imagina que os outros perderam o deles. Certamente, o último caminho parece mais fácil, porque desse jeito você não precisa fazer nada; basta imaginar.

Lembremo-nos de que, quando conhecemos outras pessoas, devemos ter em mente que elas são como um espelho e tudo o que vemos neles, devemos antes de tudo procurar em nós. Dessa maneira, no espelho das interações do dia a dia, a pessoa fica ocupada buscando a si mesma.

Fugir do mundo e de suas interações não é apenas uma atitude covarde, mas também inútil. O certo é usar essas interações para buscar a si mesmo. Sem essas interações, é tão impossível descobrir a si mesmo quanto é ver o próprio rosto sem um espelho. Na forma dos outros, continuamos constantemente nos encontrando. O coração que está cheio de amor vê o amor em todo mundo. Em última análise, a culminação dessa experiência leva você a ficar cara a cara com o divino.

Neste mundo, há pessoas que vivem no inferno e há pessoas que vivem no céu. A principal fonte de dor e prazer, de inferno e céu, está dentro de nós, e tudo o que está dentro de nós é projetado na tela externa. São os olhos do homem que não veem nada além da morte entre as coisas deste mundo; são também os olhos do homem que contemplam a beleza eterna e a música do divino neste universo.

Portanto, o que surge do lado de fora não é o eterno ou o núcleo da vida, mas sim o que está dentro de nós. Aqueles que têm os olhos constantemente voltados para essa verdade se tornam livres das coisas externas e se aquietam na sua interioridade. Aqueles que têm isso sempre em mente, no prazer e na dor, no ódio e no amor, com o amigo e o inimigo, descobre, por fim, que não existe nem prazer nem dor, nem inimigo nem amigo, apenas o eu: eu sou meu próprio inimigo e eu sou meu próprio amigo.

36 Ecos

Eu estava nas montanhas. Alguns amigos estavam comigo. Um dia, fomos a um vale onde as montanhas produziam ecos muito claros. Um amigo imitou o latido de um cão e cães começaram a latir nas montanhas. Então alguém imitou o canto do cuco e o vale começou a ressoar com um doce "Cu-co, cu-co".

Eu disse a eles: "O mundo também é assim. O que quer que joguemos fora é devolvido para nós. As flores produzem flores e espinhos produzem espinhos. Para um coração cheia de amor, o mundo inteiro começa a irradiar amor e, para uma pessoa cheia de ódio, as chamas dolorosas de fogo começam a queimar em todos os lugares".

Então contei uma história a esses amigos...

Um jovem pela primeira vez entrou na floresta perto da sua aldeia. Ele tinha muito medo da solidão e era bastante cauteloso. Naquele momento, ouviu um barulho entre os arbustos. Certamente, alguém o seguia disfarçadamente, pensou. Ele gritou alto, perguntando: "Quem está aí?"

As montanhas responderam um pouco mais alto: "Quem está aí?" Até aquele momento, ele estava plenamente convencido de que alguém estava se escondendo dele. E ficou com mais medo ainda. Suas mãos e pés começaram a tremer, e seu coração começou a bater mais forte. Mas, para reunir coragem, ele gritou para a pessoa escondida: "Você é um covarde!" Então ouviu o eco: "Você é um covarde!"

Pela última vez, ele reuniu coragem e gritou de volta: "Vou matar você!" As colinas e a floresta gritaram de volta: "Vou matar você!"

O jovem voltou correndo para a aldeia. O eco de seus próprios passos soava como se outra pessoa o perseguisse, mas agora ele não tinha coragem nem mesmo de se virar e olhar. Ao chegar à porta de casa, caiu inconsciente. Quando recuperou os sentidos, contou para todo mundo o acontecido. Ao ouvir a história, sua mãe riu alto e disse: "Vá lá novamente amanhã e diga a essa pessoa misteriosa o que vou dizer a você. Eu sei tudo sobre essa pessoa. Ela é um homem simpático e adorável".

O jovem foi até lá no dia seguinte. Ao chegar ao mesmo lugar, ele disse: "Meu amigo!", então ouviu o eco de "Meu amigo!" Esse som amigável o consolou e ele disse: "Eu amo você!" As colinas e a floresta repetiram: "Eu amo você!"

Essa história sobre o eco não é a história da nossa vida? Não somos todos nós filhos e estranhos na floresta deste mundo, que, ao ouvir nossos próprios ecos, ficam com medo e correm? Não estamos na mesma situação?

Lembre-se de que se "eu vou matar você" é um eco, "eu te amo" também é. Livrar-se do primeiro eco e apaixonar-se pelo segundo é inevitável desde a infância. Alguns temem o primeiro eco e outros começam a amar o segundo, mas, basicamente, não há diferença entre os dois. A imaturidade está escondida em ambos.

Aquele que sabe viver está livre de ambas as ilusões. A realidade da vida não é encontrada em ecos; está escondida dentro do eu.

37 O mundo é como os nossos olhos o veem

Eu tinha acabado de acordar quando recebi a notícia de que alguém no bairro tinha sido assassinado. Todos estavam ocupados conversando sobre isso. Havia um clima de agitação no ar e os olhos normalmente opacos das pessoas agora brilhavam. Ninguém sentia pena nem compaixão; havia apenas um sentimento doentio e desagradável pairando em todos os lugares. A morte e o assassinato também podem dar prazer? A destruição também traz felicidade? Talvez seja esse o caso, do contrário a mente do público em geral não ficaria tão entusiasmada com as guerras.

Quando a corrente da vida não pode avançar no caminho da criatividade, então, de repente, ela se envolve com a destruição; para se manifestar, a única alternativa é a destruição. A pessoa que não se torna criativa volta a sua vida para a destruição em detrimento de si mesma. Nos indivíduos, na sociedade, nas nações, em todos os lugares há uma ânsia pela destruição.

A orientação do homem para a destruição se torna suicida. Se o gosto pela destruição se desenvolve, ele acaba destruindo o eu. Não existe muita diferença entre o assassino e o suicídio. No seu extremo, a violência se transforma em violência contra o eu.

Eu conhecia a pessoa que havia sido assassinada aquela noite, e também conhecia o homem que a assassinara. Eles eram antigos inimigos e fazia anos que esperavam uma oportunidade para matar um ao outro. Possivelmente não tinham outra ambição na vida que não fosse essa importante tarefa. Talvez por essa mesma razão, o assassino tenha se entregado à polícia depois de cometer o assassinato. Que sentido a vida teria agora? A pessoa em função da qual ele tinha vivido não estava mais presente.

Não é surpreendente que a maioria de nós viva apenas em função dos inimigos? São muito poucos aqueles que vivem e morrem em função dos amigos. Não o amor, mas o ódio se tornou a base da vida. Então, é simplesmente natural que se encontre um prazer oculto na morte e que se sinta um prazer e uma atração incontroláveis pela destruição. Não é sem razão que os indivíduos são atraídos pela violência e as nações, pelas guerras.

Que ódio é esse? Não é uma vingança pelos outros não serem capazes de levar nossa própria vida ao auge da felicidade? Certamente é isso mesmo, porque tornamos os outros responsáveis pelo que não podemos alcançar e, então, encontramos uma maneira fácil e simples de sentir remorso pela nossa própria vida.

Que inimizade é essa? Isso não anuncia nossa dificuldade em ser amistosos? A inimizade acaba quando acabamos com o nosso inimigo? A inimizade faz surgir o inimigo. É por isso que o inimigo pode ser destruído, mas a inimizade permanece. A amizade é destruída com a morte de um amigo? Não? Então, como a inimizade pode ser destruída com a morte de um inimigo? O amigo e o inimigo são vistos do lado de fora, mas a origem está dentro de nós mesmos. O Ganges da vida está fora, mas o Gangotri, a fonte do Ganges, está sempre dentro. Eu encontro em todos o eco de mim mesmo. Tudo o que eu sou está refletido nos outros.

Lembro-me de um incidente...

Era uma noite sem lua. Um homem estava prestes a entrar na casa de alguém e assassiná-lo. Não havia mais ninguém por perto, mas ele estava com muito medo. Havia um grande silêncio ao redor, mas dentro dele havia muito tumulto e turbulência. Cheio de medo, e com as mãos trêmulas, ele abriu a porta. Surpreendentemente, a porta não estava trancada por dentro; estava apenas encostada. Mas o que estava acontecendo? Assim que ele abriu a porta, viu um homem forte e de aparência cruel de pé diante dele, com uma arma na mão. Será que era um vigia? Mas não havia como voltar. A morte estava parada na frente dele. Não havia tempo para pensar. Para se defender, ele disparou a arma.

Tudo isso aconteceu numa fração de segundo. Toda a casa reverberou com o som do tiro, e algo quebrou e se partiu em pedaços. O que foi? O homem que disparou a arma ficou atordoado. Não havia ninguém na frente dele, apenas a fumaça da bala e um espelho estilhaçado.

A mesma coisa também acontece na vida. Na nossa imaginária necessidade de nos defender, começamos a lutar com espelhos. Como há medo dentro de nós, o inimigo começa a aparecer do lado de fora. Como a morte está dentro, o assassino começa a temer o lado de fora. Mas os inimigos podem ser eliminados quebrando-se espelhos? Você pode destruir um inimigo tornando-se amigo dele, mas não o matando. Com exceção do amor, todo o resto é derrota.

O inimigo vive dentro de nós mesmos: no nosso ódio de nós mesmos, no nosso medo, na inimizade e no ciúme de nós mesmos. Mas ele começa a aparecer do lado de fora. Os olhos de uma pessoa com icterícia ficam amarelos, e ela vê o mundo todo amarelo. O que é necessário fazer quando surge essa doença? É preciso eliminar a cor amarela do mundo inteiro ou tratar nossos próprios olhos?

O mundo é como nossos olhos o veem. Nos nossos próprios olhos, estão ocultas as cores do inimigo e do amigo. Ninguém quer um inimigo, mas continuamos cultivando a inimizade. Mesmo com o desejo de eliminar o inimigo, é evidente que não queremos um inimigo, mas sim um amigo. Nós cultivamos o ódio no nosso sangue. É uma tolice absurda. Queremos amigos, mas não fazemos o amor nascer. Queremos amigos, mas em vez disso o que surgem são inimigos. Assassinamos nossos inimigos, mas ao fazer isso amigos em potencial são assassinados. Plantamos sementes envenenadas quando o que queremos é colher frutos doces. Isso não é possível.

Ambos, amigos e inimigos, são sombras do nosso próprio eu.

Se sou amor, todo mundo é amigo.

Se sou ódio, até a existência é minha inimiga.

38 Os caminhos do ego

Um amigo às vezes vem me ver e, sempre que o vejo, eu me lembro de um ditado de Sócrates. Sócrates disse a um monge peregrino: "Meu amigo, por trás das suas roupas rasgadas e miseráveis, nada além do ego espreita".

Os caminhos do ego são muito sutis. Quando está coberto de humildade, ele está na sua forma mais sutil. Mas, em vez de encobri-lo, essa humildade o revela ainda mais. É como aquelas roupas que não cobrem de fato o corpo, mas apenas o expõem. De fato, o manto do amor não elimina o ódio assim como as roupas de humildade não cobrem a nudez do ego. Assim como as brasas ficam escondidas sob as cinzas até que uma brisa as exponha, da mesma forma, a verdade permanece escondida pelos indivíduos até que o menor puxão na cortina a abre e expõe tudo. Essas doenças tão invisíveis são muito mais perigosas e letais do que as doenças visíveis, mas a habilidade do homem em se enganar é muito bem desenvolvida, e ele usa essa habilidade a tal ponto que ela se tornou sua segunda natureza.

Ao longo de milhares de anos, em nossas tentativas de impor a civilização à força, nada foi alcançado exceto essa habilidade. O homem conseguiu não destruir a natureza, e sim encobri-la, dessa maneira a chamada civilização provou ser uma doença crônica.

Como a civilização pode nascer se for contrária à natureza? Disso florescerá não a civilização, mas a "não civilização". A verdadeira civilização é uma bela exposição da natureza. O autoengano não leva o ser humano a lugar nenhum. Mas, em comparação com a revolução interior, o autoengano é muito mais fácil, e toda vez cometemos o mesmo erro de escolher a opção mais fácil. A opção mais fácil, no entanto, nem sempre é a melhor. Como você pode escolher a facilidade de descer ladeira abaixo quando quer tocar o cume das montanhas da vida?

É muito fácil enganar a si mesmo. Quando se engana os outros, pode se sentir medo de ser pego; ao se enganar, até esse medo está ausente. Aqueles que enganam os outros sofrem punições e insultos neste mundo, e mesmo no outro mundo, as severas torturas do inferno estão esperando por eles; mas aqueles que se enganam ganham respeito neste mundo, e também acham que merecem o céu no Além. É por essa razão que o homem se engana sem medo. Caso contrário, como toda a hipocrisia da civilização e da religião teria nascido?

Mas pode-se esconder e destruir o que é verdadeiro? O ser humano pode ter sucesso enganando o próprio eu, as outras pessoas e, por fim, a própria existência? Não é todo esse esforço pura loucura?

O certo é conhecer o eu como ele é, porque, sem aceitar a realidade de si mesmo, não pode haver uma mudança real no próprio ser. Assim como para o corpo voltar a ser saudável, é necessário saber tudo sobre a doença, da mesma forma, para ter saúde espiritual é necessário conhecer as doenças da alma. Não é interessante para o paciente encobrir a doença, isso só é interessante para a própria doença. Para que haja tratamento, o diagnóstico é essencial, portanto aqueles que querem escapar do diagnóstico permanecerão sem tratamento.

Um escultor estava fazendo uma estátua de Ralf Waldo Emerson. Todo dia, Emerson costumava assistir atentamente ao desenvolvimento da sua forma na pedra e, à medida que a estátua evoluía, ele se tornava cada vez mais circunspecto. Por fim, um dia, quando a estátua estava quase pronta, o rosto de Emerson assumiu uma expressão extremamente grave. O escultor perguntou o motivo da sua seriedade e ele respondeu: "Observo que, à medida que a estátua se assemelha a mim, vai ficando mais disforme e feia".

Considero esse poder de ver a si mesmo em toda sua feiura, nudez e animalismo o primeiro degrau na escada da autorrevolução.
Somente a pessoa capaz de ver a feiura em si mesmo é capaz de ver beleza em si mesmo. Sem a primeira capacidade, a segunda não é possível, e qualquer um que encubra sua própria feiura e se ocupe de esquecê-la, continuará feio para sempre. Conhecer e aceitar o Ravana, o mal, em si mesmo é o primeiro e inevitável passo para se tornar um Rama, uma pessoa virtuosa. A feiura da vida permanece escondida e segura se a pessoa permanecer inconsciente dela.
Em primeiro lugar, vou ter que me conhecer como sou. Não há alternativa. Se, nesse primeiro ponto da jornada, dermos espaço para a falsidade, então a verdade nunca poderá ser encontrada no final.

Mas, por causa da sua feiura, negamos a realidade do eu e começamos a alimentar uma personalidade irreal e imaginária. Esse desejo pela beleza não tem nada de errado em si mesmo, mas o caminho não está certo. A feiura do eu não pode ser eliminada colocando-se máscaras bonitas. E mais: por causa dessas máscaras o eu continua a se tornar ainda mais feio e deformado. Então, lentamente, todo o conhecimento do eu desaparece, e nós nos familiarizamos com nossas falsas máscaras e reconhecemos apenas a elas. Se o próprio rosto está esquecido, fica impossível reconhecer o eu.

Uma senhora foi ao banco para tirar dinheiro. O caixa perguntou a ela: "Como saberei que a senhora é quem diz ser?" Ela rapidamente tirou um espelho da bolsa, olhou nele e disse: "Pode acreditar. Sou eu mesma".

Na sua busca pela verdade, na sua busca pela existência do seu eu real, primeiro você terá que lutar contra as suas próprias máscaras. Sem descobrir seu rosto real, você não pode se descobrir nem se aperfeiçoar. O palácio da verdade está nos alicerces da realidade. E nenhum outro poder, exceto a verdade, pode trazer a civilização.

39 Uma disputa muito estranha

Na noite passada, uma jovem veio até mim e disse: "Quero servir as pessoas".

Eu disse a ela: "Se você esquecer o 'eu', esse servir acontecerá naturalmente".

O que mais, além do ego, é um obstáculo para a vida se tornar um servir?

O ego exige ser servido. Na verdade, ele só quer tudo e não quer dar nada em troca. É incapaz de se dar. Isso não é possível para ele. O ego é sempre um mendigo. Portanto, é impossível encontrar alguém mais miserável e mais pobre que um egoísta.

Somente alguém que é rei pode servir. O que uma pessoa pode dar se ela não tem nada dentro de si para oferecer? Antes de dar, é essencial que se tenha alguma coisa.

O que é servir? Não é o próprio amor um servir? E o amor nasce apenas numa consciência em que o "eu" está morto e enterrado.

Na morte do "eu", está o nascimento e a vida do amor.

Na pira funerária do "eu", germina a semente do amor.

Aqueles que estão cheios de "eu" estão vazios de amor. O "eu" é o centro da exploração. Mesmo o seu servir será uma exploração. Mesmo servindo, o próprio "eu" prospera e encontra forças. A humanidade não tem consciência do ego dos servos. Mesmo o ego de um explorador tem um disfarce de humildade, mas a humildade de um servo é uma declaração pura de ego. Lembre-se de que o amor não faz alarde e que o servir é feito em silêncio.

E também se lembre de que o amor é o seu próprio reconhecimento e o servir é a sua própria recompensa.

Lembro-me de uma disputa muito estranha...

Dois amigos procuraram um professor para aprender a pintar. Ambos eram muito pobres. Eles não tinham nem dois pincéis para pintar juntos. Ambos decidiram que, para começar, um deles iria praticar a arte e o outro arranjaria um emprego e sustentaria ambos, e posteriormente, o primeiro ganharia o sustento de ambos e o outro aprenderia a pintar.

Um deles começou a pintar com o professor. Anos se passaram. Era uma disciplina difícil. Não se podia ter pressa: o jovem se ocupava, com toda a atenção, do seu aprendizado. Aos poucos, ele começou a ficar famoso. No mundo das artes, sua estrela se elevou. O nome desse jovem era Albrecht Dürer. Mas seu amigo estava ocupado, fazendo um esforço ainda maior do que o próprio Dürer. Ele cavava poços e quebrava pedras; cortava madeira e carregava cargas. Aos poucos, ele se esqueceu completamente de que também queria pintar e, quando foi sua vez de aprender a arte, observou-se que suas mãos tinham ficado tão rígidas, duras e deformadas que era impossível pintar com elas.

Com esse infortúnio, o primeiro jovem começou a chorar, mas o outro se sentia muito feliz. Ele disse: "Que diferença faz se é a sua mão ou a minha que pinta? As suas mãos também não são minhas?"

O primeiro jovem tornou-se um grande pintor, mas o nome desse amigo, que fez dele um pintor através do seu suor e do seu trabalho, não é conhecido por ninguém. Mas o seu serviço desconhecido não é o exemplo brilhante do seu amor? Não são abençoados aqueles que servem sem serem conhecidos e buscam oportunidades para servir?

Não criam apenas aqueles que são conhecidos, mas também aqueles que permanecem no anonimato. Não há esforço ou oração maior do que o serviço feito pelas mãos anônimas do amor. Albrecht Dürer fez uma pintura das mãos do seu amigo em oração. É fácil encontrar mãos tão bonitas? Será que é possível encontrar mãos tão sagradas quanto essas? E podem outras mãos que não essas ter o direito de orar? Tão poucas mãos devem ter tido a sorte de amar e rezar como essas mãos fizeram.

40 Discernimento, com os olhos bem abertos

Eu estava numa cidade grande. Alguns jovens foram me encontrar. E começaram a fazer perguntas: "Você acredita em Deus?"

Eu disse: "Não. Que relação existe entre a crença e Deus? Eu conheço Deus".

Então contei a eles uma história...

Havia uma revolução num país. Os revolucionários estavam ocupados mudando tudo. Estavam determinados a destruir a religião também. Nesse cenário, um velho monge foi preso e levado ao tribunal. Perguntaram a ele: "Por que você acredita em Deus?"

O monge respondeu: "Não, cavalheiros, eu não acredito. Mas Deus existe, então, o que posso fazer?"

Eles perguntaram: "Como você sabe que ele existe?"

Esse velho disse: "Desde que meus olhos se abriram, não vi ninguém a não ser ele".

As respostas do velho só colocaram lenha na fogueira. Os revolucionários ficaram muito exaltados e esbravejaram: "Muito em breve vamos matar todos os seus monges e freiras. E aí, como vai ser?"

O velho monge riu e disse: "Que seja o que Deus quiser!"

"Mas decidimos destruir todos os vestígios de religião. Não vamos deixar nenhum vestígio de Deus neste mundo".

O velho monge respondeu: "Meu filho, você escolheu um trabalho muito difícil. Mas, que seja o que Deus quiser! Como você vai destruir todos os indícios? Seja o que for que restar proclamará a existência dele. Pelo menos você estará lá, então estará proclamando isso. É impossível livrar-se de Deus porque Deus está em todo lugar".

Todos esses mal-entendidos surgiram porque Deus foi comparado ao homem.

Deus não é uma pessoa. Ele é o que é. E a ideia de se acreditar em Deus também criou muitos mal-entendidos.

Qual é o sentido de se acreditar na luz? Ela só pode ser vista quando seus olhos estão abertos.

A crença apoia a ignorância, e ignorância é pecado. O que pode levar uma pessoa à verdade não é a fé cega, os olhos vendados, mas o discernimento, com os olhos bem abertos.

A verdade é Deus. Não existe outro Deus senão a verdade.

41 A verdade está bem lá no fundo

É preciso uma mudança de mentalidade desde as próprias raízes. Nenhuma mudança que aconteça no nível superficial terá qualquer valor. Não basta mudar o jeito como você se comporta, porque, sem uma revolução interior, você só vai enganar a si mesmo.

Mas mesmo as pessoas decididas a mudar o eu, em pouco tempo ficam mais preocupadas em mudar sua roupagem, não seu coração. Essa é a melhor forma de se enganar. É absolutamente necessário ficar atento a isso; caso contrário, a renúncia só acontecerá externamente. O mundo está do lado de fora, mas se a renúncia também for externa, sua vida se perderá em caminhos muito sombrios.

Não há dúvida de que o caminho do desejo é também o da ignorância. Mas se a renúncia também for externa, também o levará pelos caminhos da ignorância.

A verdade é que a ignorância e a escuridão são o resultado do fato de a sua consciência se voltar para fora de si mesma. E não faz diferença se o objetivo do seu foco externo é o mundo ou a renúncia a ele. Se a mente está ocupada com o que é externo, então, esteja você se entregando ao mundo ou renunciando a ele, seu foco permanecerá fora.

Se a mente estiver livre do que está fora, então ela espontaneamente se voltará para o eu.

A noção enganosa de que o exterior renderá frutos é o mundo.

A descoberta de que o exterior é inútil é a renúncia ao mundo.

Ouvi uma história...

Numa cidade, ocorreram duas mortes no mesmo dia. Foi uma coincidência muito estranha. Uma das pessoas que morreu era um yogue e a outra era uma prostituta, e ambas deixaram este mundo no mesmo dia e no mesmo instante. Viviam em casas que eram o oposto uma da outra. Ambos viveram ao mesmo tempo e morreram ao mesmo tempo.

Essa coincidência surpreendeu a todos na cidade, mas uma surpresa ainda maior os aguardava, algo que ninguém mais sabia, exceto o yogue e a prostituta. Assim que morreram, os mensageiros da morte desceram para levá-los embora. Mas esses mensageiros levaram a prostituta para o céu e o yogue para o inferno! O yogue disse: "Meus amigos, sem dúvida nenhuma, há algum erro aí. Vocês estão levando a prostituta para o céu e eu para inferno? Que injustiça é essa? Que engano é esse?"

Os mensageiros responderam: "Não, senhor; não há nenhum engano nem injustiça. Por favor, olhe para baixo um instante".

O yogue olhou para a terra. Lá, seu corpo estava decorado com flores e sendo carregado numa grande procissão. Milhares de pessoas levavam seu corpo para os *ghats*, para as chamas, ao som de um tambor. Nos *ghats* ardentes, uma pira de sândalo estava pronta para ele. Do outro lado da estrada, o cadáver da prostituta estava deitado. Não havia ninguém nem para carregá-lo, e assim os abutres e os cães o rasgavam e devoravam.

Ao ver isso, o yogue exclamou: "As pessoas na terra são muito mais justas!"

Os mensageiros responderam: "Isso só está acontecendo porque as pessoas na terra só veem o que existe por fora. Sua visão não vai além do corpo. Mas a verdadeira questão não é o corpo, é a mente. Em seu corpo você era um *sanyasin*, mas o que havia em sua mente? A sua mente não adorava as prostitutas? Não estava sempre vivo em sua mente o pensamento de que a bela música e a dança que aconteciam na casa da prostituta eram muito agradáveis e que a sua vida não tinha nenhum prazer?

"E, por outro lado, havia a prostituta. Ela estava constantemente pensando em quanto deveria ser feliz a vida do yogue. À noite, quando você entoava canções devocionais, ela chorava, infeliz. Enquanto seu ego ia ficando inchado por ser um *sanyasin*, ela ia ficando cada vez mais humilde com a consciência dos seus pecados. Você estava ficando cada mais rude e severo por achar que sabia muito, enquanto ela ficava mais terna e gentil com o conhecimento da própria ignorância.

"Por fim, tudo o que restou foi a sua personalidade, consumida pelo ego, e a dela, que estava livre dele. No momento da morte, você só tinha ego e desejo dentro de si, mas, na mente dela, não havia nenhuma dessas duas coisas. A mente da prostituta estava cheia da luz da divindade, do amor e da oração".

A verdade da vida não mora nos exteriores, então para que mudar o que está fora?
A verdade é interna, ela está bem no fundo.

Para descobri-la, é preciso trabalhar, não na circunferência da personalidade, mas no centro dela. Encontre esse centro. Se ele for encontrado, a verdade certamente também será encontrada, porque ela está escondida no eu.

A religião não é uma mudança na circunferência; é uma revolução do ser interior.

A religião não age na circunferência; é um trabalho árduo no centro.

A religião é um trabalho árduo no eu. É com esse trabalho que ele é destruído e se atinge a verdade.

42 Ego: o único obstáculo

O ego torna o coração uma pedra. Ele é a morte de tudo que é verdadeiro, bom e belo na vida. É por isso que não há outro obstáculo no nosso caminho para a divindade, a não ser o ego. Como uma pessoa com um coração de pedra pode conhecer o amor? E se não há amor, como pode haver divindade? Para que haja amor, é preciso um coração simples e humilde – simples e cheio de sentimento. Por mais profundo que seja o ego, por causa dessa mesma profundidade o coração perde a simplicidade e o sentimento.

O que é religião? Quando alguém me pergunta, eu digo: "Religião é simplicidade de coração, é o poder de sentimento do coração".

Mas o que existe hoje em nome da religião é a manifestação do ego em formas muito sutis e intrincadas. O ego é a raiz de toda a violência.

"Eu sou" – esse mero sentimento é violência. Então "eu sou algo" é uma violência ainda maior. Uma mente violenta não consegue encontrar a verdadeira beleza porque a violência a torna severa. Essa severidade significa fechar as portas do eu – e como alguém que fechou as portas dentro de si mesmo relaciona-se com todos?

Havia um santo, Hasan. Ele estava com fome havia muitos dias. Estava morando nos arredores de uma aldeia. Alguns de seus companheiros o visitaram.

Eles também estavam cansados e com fome devido à sua longa jornada. Tão logo chegaram e se instalaram naquela casa em ruínas, um desconhecido trouxe alimentos e frutas e disse: "Esta insignificante oferta é para aqueles que praticam a penitência e que renunciaram". Quando ele partiu, Hasan disse aos seus companheiros: "Amigos, eu terei de dormir sem comer, até mesmo esta noite; porque quando pratiquei penitência? E como posso ser um renunciante? Na verdade, onde eu sou eu mesmo?"

"Eu não sou" – quem sabe disso, conhece a divindade.
"Eu não sou" – quem descobre isso pode encontrar a divindade.

43 A ignorância é ruidosa, o conhecimento é silencioso

Este incidente ocorreu ao meio-dia. Algumas pessoas vieram até mim e disseram: "Deus não existe e a religião é total hipocrisia".

Ao ouvir essas palavras, comecei a rir e elas perguntaram: "Por que está rindo?"

Eu disse: "Porque a ignorância é ruidosa, o conhecimento é silencioso. É tão fácil dizer alguma coisa sobre a existência ou a inexistência de Deus? Não são todas as decisões, decorrentes do conhecimento escasso do homem, dignas de riso?

Aqueles que conhecem os limites do próprio conhecimento não fazem essas declarações categóricas; eles se sentem, em vez disso, incapazes de falar. E é nesse momento de mistério que transcendem seus limites. Nesse momento eles conhecem a si mesmos e também a verdade, porque a verdade existe no eu e o eu existe na verdade. Pois a gota não está no oceano e o oceano não está na gota? É certo para uma gota que não se conhece querer conhecer o oceano? E se não consegue encontrá-lo, ela pode dizer que o oceano não existe? Se a gota consegue conhecer a si mesma, ela também pode conhecer o oceano.

Pensar em Deus não faz sentido. Pergunto: "Você se conhece? Alguém que não se conhece tem competência para tomar uma decisão sobre a existência ou a inexistência de Deus?"

"Vocês se conhecem?" Ao ouvir essa pergunta, esses amigos começaram a olhar uns para os outros. E vocês também não começam a olhar uns para os outros quando ouvem essa pergunta? É preciso lembrar que, sem conhecer o eu, não há nenhum propósito na vida nem se pode apreciá-la. Eu contei àqueles amigos uma conversa que aconteceu na Grécia, milhares de anos atrás...

Alguém perguntou a um velho sábio: "Dentre todas as coisas deste mundo, qual é a maior?

O sábio respondeu: "O céu, porque tudo o que existe, existe no céu e o próprio céu não existe em nada".

A pessoa continuou: "E qual é a melhor?"

O sábio respondeu: "A graça, porque tudo pode ser sacrificado pela graça, mas a graça não pode ser sacrificada por coisa alguma".

Então o homem perguntou: "E a mais ágil?"

"O pensamento", respondeu o sábio.

E então o homem perguntou: "E o que é mais fácil de se oferecer?"

O sábio respondeu: "Conselho".

"E o que é mais difícil?"
"O conhecimento do eu", disse o sábio.

Certamente, conhecer o eu parece ser a coisa mais difícil de se oferecer, pois, para conhecê-lo, todo o resto tem de ser deixado de lado. O conhecimento do eu não é possível sem que você desista do seu conhecimento primeiro.

A ignorância é uma barreira para conhecer o eu.

O conhecimento é uma barreira para conhecer o eu.

Mas há também outro estado em que não há conhecimento nem ignorância. É nesse estado que o conhecimento do eu se manifesta.

Eu chamo esse mesmo estado de *samadhi*, meditação.

44 A porta da vida através da morte

O que posso dizer sobre religião? A religião é a porta da vida através da morte.

Uma noite eu estava num barco. O barco era grande e havia muitos amigos comigo. Perguntei a eles: "Este rio tem uma correnteza forte, mas para onde ele vai?"

Alguém respondeu: "Para o oceano".

É verdade que todos os rios correm para o oceano. Mas correndo para o oceano os rios não correm para a própria morte? Pois os rios se perderão no oceano. Talvez seja por essa mesma razão que as lagoas não vão para o oceano. Que homem sábio gostaria de se aproximar da própria morte? E é por essa mesma razão que os chamados sábios não se aproximam da religião. O oceano é para o rio o que a religião é para o homem. Religião significa perder-se completamente na existência. Essa será uma grande morte para o ego. Então, aqueles que querem se salvar disso tornam-se um poço de ego e evitam de se fundir com o oceano da divindade. O resultado inevitável da fusão com o oceano é a eliminação do eu. Mas essa morte não é de fato uma morte, porque comparada com a vida que é ganha em resultado dessa fusão, a vida que agora conhecemos fica parecendo a morte. Estou falando disso depois de ter morrido eu mesmo.

Para que a vida real comece, é preciso morrer para a falsa vida.

Para se estabelecer na vastidão, o átomo tem de se dispersar.

O que é morte deste lado se tornará vida no outro.

A morte do ego é o nascimento da alma. Isso não é anulação, é existir de verdade. Aqueles que não conseguem entender essa verdade continuarão perdidos na vida.

Um lago não é vida para um rio, mas sim morte, embora se tornar um lago possa parecer uma espécie de segurança para o rio. E o oceano não é morte para um rio, é a vida dele, mesmo que o oceano pareça engoli-lo.

Um dia Radha perguntou a Krishna: "Meu senhor, esta flauta está sempre em seus lábios. Tenho muito ciúme dela. Essa flauta de bambu recebe com tanta frequência o toque de néctar de seus doces lábios que estou morrendo de ciúme. Por que ela fica tão próxima a você? Por que é tão cara a você? Toda vez eu penso: gostaria de ser a flauta de Krishna. E em vidas futuras, quero ser a flauta que repousa entre seus lábios".

Ao ouvir isso, Krishna riu muito e disse: "Meu amado, é muito difícil ser uma flauta. Talvez não haja nada mais difícil do que isso. Somente alguém que pode se aniquilar completamente pode se tornar uma flauta. Essa flauta não é apenas um pedaço de bambu; na verdade, é o coração de um amante. Não tem músicas próprias. Ela fez das músicas do amante a sua própria música. Eu canto, ela canta. Se eu ficar silencioso, ela fica silenciosa, e, por esse motivo, minha vida se tornou sua própria vida".

Eu estava passando e involuntariamente ouvi essa conversa entre Radha e Krishna. O mistério da música é revelado no mistério de ser uma flauta. A chave para encontrar o eu é acabar com o ego.

O que é a religião? Religião é a porta da vida através da morte.

45 A religião respira com a vida

Nem vale a pena refletir se é possível encontrar a religião filosofando. A religião só tem sentido quando ela é a própria vida da pessoa, não apenas um pensamento.

Pensa-se muito em religião. Mas essa religião eleva você? Não, ela só o afoga. Alguém algum dia já pensou em fazer uma viagem oceânica num barco feito de pensamentos? Mas as pessoas partem para o oceano da verdade com um barco apenas feito de pensamentos! Então, é uma surpresa se você acabar se afogando perto da costa? Mesmo um barco feito de papel pode levá-lo muito mais longe do que um barco feito de pensamentos; mesmo que seja só um pouco mais realista. Os pensamentos são como sonhos; não se deve confiar neles.

Se a religião só é encontrada em pensamentos, então nada pode ser mais falso.

Quando a religião vive apenas nas escrituras, ela está morta.

Enquanto a religião viver apenas em palavras, ela está inativa.

A religião que vive apenas nas seitas não é religião. A religião só se torna viva quando faz parte da vida. A religião é verdadeira apenas se respira com a vida. E, onde existe verdade, existe poder, existe atividade. Onde existe atividade, existe vida.

Um prisioneiro morreu. Algumas pessoas se reuniram em torno do seu cadáver. Elas não estavam chorando. Estavam rindo. Ao ver isso, eu também parei com a multidão. O prisioneiro tinha passado muito tempo na prisão e quase não havia crime que não tivesse cometido. Uma grande parte da sua vida ele tinha passado na prisão. Mas esse homem sempre tinha muitos pensamentos religiosos. Para proteger a religião, ele sempre tinha pelo menos um grande cajado na mão e, quando não estava proferindo insultos, estava muito orgulhosamente cantando "Rama, Rama". Ele costumava dizer: "Melhor morrer que cair em desgraça". Este era o seu princípio de vida. Ele tinha escrito isso, juntamente com rituais religiosos, num pedaço de papel que colocou num amuleto e amarrou no braço. Não satisfeito, quando finalmente foi solto da prisão, tatuou as palavras nos dois braços. "Rama, Rama" também estava tatuado em várias partes do seu corpo.

Seu cadáver jazia sob o sol da manhã. Seus braços declaravam sua filosofia de vida, mas a verdade sobre sua vida tinha sido demonstrada pelo modo como realmente viveu. Só então pude entender por que as pessoas não estavam chorando, mas rindo.

A situação em que o ser humano se encontra em nome da religião é exatamente a mesma.

Gostaria de perguntar: é certo rir ou chorar dessa situação?

46 O que é a vida?

O que é a vida?
É um ritual sagrado do fogo, mas apenas para aqueles que se oferecem pelo bem da verdade.

O que é a vida?

Uma oportunidade preciosa, mas apenas para aqueles que reúnem coragem, determinação e esforço.

O que é a vida?

Uma bênção desafiadora, mas apenas para aqueles que a aceitam e enfrentam.

O que é a vida?

Uma grande luta, mas apenas para aqueles que reúnem todo o seu poder e lutam pela vitória.

O que é a vida?

Um grande despertar, mas apenas para aqueles que lutam contra o sono e a inconsciência.

O que é a vida?

Uma música divina, mas apenas para aqueles que se fazem de instrumento para o divino.

Caso contrário, a vida não passa de uma morte prolongada e lenta.

A vida se torna aquilo que fazemos dela. A vida não é concedida, ela tem que ser conquistada.

A vida é uma constante criação do eu por si mesmo. Não é destino, é criação.

Depois de um discurso de defesa muito longo e entediante, o advogado disse, zangado, ao juiz: "Senhor, o júri está dormindo!"

O juiz respondeu: "Meu douto amigo, você mesmo é que os colocou para dormir. Por favor, proceda de uma maneira que os ajude a permanecerem acordados. Eu também quase me peguei dormindo algumas vezes".

Se a vida é uma experiência sonolenta, então devemos entender que fizemos alguma coisa para que ela caísse no sono. Se a vida é uma experiência de dor, então devemos saber que fizemos algo que a tornou dolorosa. A vida é um eco da própria pessoa. A vida é o próprio reflexo dela.

47 Livre da mente

Era uma noite escura durante a estação chuvosa. No céu carregado de nuvens, um raio cortou o ar, ao estrondo de um trovão. Um jovem estava tentando encontrar seu caminho com a ajuda dos raios. Por fim, ele chegou à porta de uma cabana onde um sábio muito velho vivera toda a sua vida. O velho nunca tinha deixado a cabana para ir a lugar nenhum, mas sempre que alguém perguntava se ele já tinha visto alguma coisa do mundo, ele respondia: "Eu já vi. Já vi muito bem. O mundo não existe no eu?"

Eu conheço aquele velho. Ele está sentado dentro de mim. É verdade que nunca deixou sua casa. Ele está lá, e a mesma pessoa sempre esteve lá. E eu também conheço esse jovem, porque também sou ele.

O jovem ficou de pé nos degraus da frente por algum tempo. Então, com um sentimento de medo, ele bateu lentamente na porta. Uma voz respondeu de dentro: "Quem está aí? O que está procurando?"

O jovem respondeu: "Eu não sei quem sou. Mas por vários anos, andei vagando em busca da felicidade. Estou à procura da felicidade, e essa busca me levou à sua porta".

Ele ouviu risadas do lado de dentro e então a voz disse: "Como uma pessoa que não conhece nem a si mesma pode encontrar a felicidade? Na busca, não se pode permitir nem uma poça de escuridão sob uma lâmpada. Contudo, até mesmo saber que você não se conhece significa que você se conhece o suficiente, e então eu vou abrir a porta. Mas, lembre-se, quando a porta da outra pessoa abrir, não será a sua porta".

A porta se abriu. No cintilar de um relâmpago, o jovem viu o faquir de pé diante dele. Ele nunca tinha visto tanta beleza. O faquir estava absolutamente nu. Na verdade, a beleza sempre está nua; as roupas são para cobrir a feiura. O jovem se prostrou aos pés do ancião. Colocou a cabeça sobre eles e perguntou: "O que é felicidade? O que é felicidade?"

Ao ouvir isso, o velho começou a rir novamente e disse: "Meu caro, felicidade é independência. Assim que você for independente haverá um transbordamento de felicidade. Esqueça meus pés, esqueça todos os pés. Você está procurando uma felicidade que depende de outra pessoa. Isso é tolice. Você está procurando fora. Isso é loucura. Na verdade, o fato de você estar procurando já é em si uma loucura. Aquilo que existe fora pode ser buscado, mas como se pode buscar aquilo que existe dentro do eu? Desista de toda busca e olhe. A felicidade sempre esteve dentro de você.

Então o velho tirou duas frutas de um saco e disse: "Estou lhe dando estas duas frutas. Elas são mágicas. Se comer a primeira, você vai entender o que é a felicidade, e, se comer a segunda, vai ser feliz. Mas você só pode comer uma delas, porque, assim que comê-la, a outra desaparecerá. E lembre-se: se comer a segunda fruta, não entenderá o que é a felicidade. Agora, a escolha é sua. Diga-me, qual delas você vai escolher?"

O jovem hesitou por um momento e depois disse: "Quero saber o que é a felicidade porque, se eu não souber, como posso encontrá-la?"

O velho sábio começou a rir e disse: "Posso ver agora por que a sua busca foi tão longa. Se continuar dessa maneira, não encontrará a felicidade – não apenas nos próximos anos, mas por várias vidas –, porque buscar conhecimento sobre o que é a felicidade não é o mesmo que alcançar a felicidade. O conhecimento sobre a felicidade e a experiência da felicidade são dois opostos polares. O conhecimento sobre a felicidade não é felicidade; pelo contrário, é dor, miséria. Saber o que é a felicidade, mas não ser feliz é a verdadeira miséria. Por essa simples razão, o homem é mais infeliz do que as plantas, os animais e os pássaros. Mas a ignorância também não é felicidade. Só é inconsciência da miséria. Você encontra a felicidade quando vai além do conhecimento e da ignorância. Ignorância é estar inconsciente da miséria. O conhecimento é estar consciente dela. A felicidade é se libertar tanto do conhecimento quanto da ignorância.

"O resultado de ir além do conhecimento e da ignorância é libertar-se da própria mente – e assim que uma pessoa está livre da mente, ela se volta para si mesma. Estar enraizado no eu é felicidade, bem-aventurança. É liberdade e é divindade".

48 Roupas podem enganar

Um amigo tornou-se um *sanyasin* tradicional. Hoje foi a primeira vez que ele veio me ver desde que se tornou um. Vendo-o vestido de açafrão, eu disse: "Eu estava achando que você realmente tinha se tornado um *sanyasin*, mas o que é isto? Por que mudou a cor das suas roupas?"

Ele sorriu com a minha ignorância e disse: "As roupas de um *sanyasin* seguem um código próprio".

Ao ouvir isso, comecei a refletir. Ele perguntou: "Por que isso o levou a pensar?"

Eu disse: "Porque é uma questão para se pensar profundamente, pois um *sanyasin* não devia ter um código de especial com relação ao que veste; se tem, ele não é um *sanyasin*".

Talvez ele não tivesse entendido o que eu estava dizendo porque perguntou:

"Ora, um *sanyasin* precisa usar alguma roupa – ou você quer que ele ande nu por aí?"

Respondi: "Ele não precisa parar de vestir roupas nem há nenhuma condição do que não deveria usar. A questão é insistir em vestir algo em particular ou em vestir nada. Meu amigo, esse código não é sobre roupas, mas sobre insistência".

Ele disse: "Mas as roupas especiais estão sempre me lembrando de que sou um *sanyasin*.

Então foi a minha vez de rir. Eu disse: "Ninguém precisa ser lembrado do que é. O que é preciso é nos lembrarmos do que *não* somos. Será que uma espiritualidade de que só nos lembramos por causa das nossas roupas é espiritualidade mesmo? As roupas são algo muito superficial. Nem a pele é muito profunda. A carne e a medula também não são – nem a mente. Com exceção da alma, não há nada profundo o suficiente para se tornar o domicílio da espiritualidade. E, lembre-se, aquele cujo foco está no superficial não vivenciará o que está lá no fundo. Aquele cuja atenção está na roupa não pode ter consciência da sua alma – por essa mesma razão. O que é o mundo senão a mente focada na vestimenta exterior? Aquele que consegue libertar-se da roupa é um *sanyasin*".

Então eu contei a ele uma história...

Um imitador foi ao palácio do rei e disse: "Quero cinco rupias como doação".

O rei disse: "Posso dar a um artista performático uma recompensa, mas não uma doação".

O imitador sorriu e foi embora. Mas, quando estava saindo, disse: "Meu rei, aceito a recompensa somente se também me oferecer a doação. Peço que se lembre disso".

O incidente passou. Depois de alguns dias, a notícia de que um maravilhoso *sanyasin* tinha chegado à cidade se espalhou pela capital. Nos arredores da cidade, um jovem *sanyasin* estava sentado em meditação profunda. Ele não falava, não abria os olhos, não se mexia. Multidões cada vez maiores iam vê-lo. Flores, frutos frescos, frutas secas e doces acumulavam-se ao redor dele, mas o *sanyasin* estava em meditação profunda e, portanto, não se dera conta deles.

Os dias se passavam e a multidão continuava crescendo. Na manhã do terceiro dia, o próprio rei foi ver o *sanyasin*. Ele ofereceu cem mil moedas de ouro ao *sanyasin* e pediu suas bênçãos, mas o *sanyasin* continuou imóvel como uma rocha. Nada era capaz de tentá-lo ou movê-lo. Nem o rei conseguira. Quando o rei estava voltando para o palácio, a multidão ainda gritava "Salve, salve!" para o *sanyasin*.

Mas, no quarto dia, as pessoas viram que o santo desaparecera durante a noite. No mesmo dia, o imitador reapareceu na sala do trono e disse ao rei: "Agora que você me ofereceu uma doação de cem mil moedas de ouro tenha a gentileza de me dar a minha recompensa de cinco rúpias".

O rei ficou aturdido. Ele disse ao homem: "Seu tolo, por que não aceitou as cem mil moedas de ouro? E agora está pedindo apenas cinco rupias!"

O imitador respondeu: "Meu rei; se você já me deu uma doação, como eu poderia aceitá-la pela segunda vez? Não é suficiente que se obtenha uma recompensa por um trabalho? E, além disso, quando eu estava sendo *sanyasin*, mesmo falso, ainda assim era um *sanyasin* e então eu tinha que manter a dignidade de *sanyas*".

Se você pensar nessa história, vai descobrir uma série de coisas. Os imitadores podem ser *sanyasins*. Por quê? Porque dentro das chamadas roupas de *sanyasin* há espaço para que um imitador se esconda. Sempre que uma peça de vestuário adquire um significado, ela dá oportunidade para uma imitação.

Esse imitador tinha realmente uma disposição para ser santo, pois, mesmo quando lhe ofereciam cem mil moedas de ouro, ele estava disposto a aceitar apenas cinco rupias. Mas não se pode esperar que todos os imitadores sejam tão santos. O rei foi enganado pelas roupas.

Como os códigos de vestimenta podem enganar as pessoas, os enganadores e embusteiros tornaram esses códigos muito importantes. E, quando uma pessoa consegue enganar os outros, esse sucesso se torna um forte fundamento para que ela mesma se engane.

Dizem que *satyameva jayate*, ou seja, somente a verdade triunfa. Esse é um critério muito perigoso, porque leva as pessoas a pensar que qualquer um que triunfa é autêntico. Se "apenas a verdade é bem-sucedida", não demora muito para que a mente chegue à conclusão de que todo aquele que faz sucesso é verdadeiro.

Uma espiritualidade que pode ser imitada não é uma espiritualidade real, porque do contrário não haveria nada mais fácil para um imitador imitar. Se os imitadores podem ser *sanyasins*, então os *sanyasins* também podem ser imitadores.

O fato é que não existe nenhum código de vestimenta para os *sanyasins*. Só pode haver códigos de vestimenta para imitadores. E, se não existe código de vestimenta para *sanyasins*, então a própria questão de proteger sua dignidade não vem ao caso. Essa preocupação pertence aos imitadores, não aos *sanyasins*. E essa preocupação só existe no imitador que se conhece e sabe que é uma fraude.

Aqueles que começaram a pensar em si como *sanyasins* com base nas suas roupas são apenas atores que interpretaram Rama, numa peça de teatro, e começaram a acreditar que eram Rama.

Eu conheço um desses Rama. Depois de interpretar Rama numa peça, ele nunca mais saiu do papel. As pessoas dizem que ele é louco.

Os imitadores podem se vestir como *sanyasins*, mas, quando eles também começam a acreditar que são *sanyasins*, não são mais imitadores apenas, são loucos também.

49 Feliz como um rei

Um imperador estava cheio de preocupações. Quando você está mergulhado em preocupações, elas o engolfam totalmente, porque, depois que uma preocupação surge, outras a seguem. Quem deixa uma preocupação entrar inconscientemente, abre a porta para muitas outras. Por essa razão, as preocupações vêm sempre aos montes! Ninguém nunca enfrenta apenas uma preocupação.

Parece surpreendente que os imperadores muitas vezes se afoguem em preocupações, no entanto, a verdade é que apenas aquele que se libertou de todas as preocupações é um imperador. A escravidão criada pela preocupação é tão grande que nem mesmo o grande poder de um imperador consegue acabar com ela. Talvez por isso mesmo o poder dos impérios também acabe devido às preocupações.

Um homem quer ser imperador pelo poder e independência que isso traz. Mas, no final, ele descobre que ninguém é mais impotente, dependente e derrotado que um imperador, porque uma pessoa que quer escravizar os outros finalmente se torna o escravo dos próprios escravos. Seja quem for que queiramos prender, por fim acabamos prendendo a nós mesmos. Para ter independência, é essencial não só se libertar da escravidão dos outros, mas se libertar da mentalidade de querer escravizar os outros.

Esse imperador estava igualmente escravizado. Ele começou a tentar conquistar os céus, mas, depois de todas as suas vitórias, percebeu que estava sentado no trono do inferno. Tudo o que é conquistado pelo ego acaba se revelando um inferno – e o ego nunca poderá ganhar o céu porque no céu não existe ego. Agora ele queria se livrar do inferno que ele mesmo tinha conquistado. Mas é difícil alcançar o céu e mais fácil ainda perdê-lo, assim como é fácil chegar ao inferno, mas difícil perdê-lo.

Ele queria estar livre do fogo das preocupações. Quem não gostaria de estar? Quem quer ficar sentado no trono do inferno? Mas quem quer que queira se sentar num trono terá de se sentar no trono do inferno. Lembre-se, não existe trono no céu. O problema é que, a distância, os tronos do inferno parecem tronos celestiais.

Dia e noite, dormindo ou acordado, aquele imperador lutava com suas preocupações. Mas com uma mão a pessoa se livra de suas preocupações e com mil mãos ela convida outras tantas. O imperador queria ficar livre de todas as preocupações, mas também desejava se tornar um grande monarca. Talvez pensasse que, depois de se tornar o soberano do mundo todo, ele se livraria de todas as preocupações. Esse homem tolo continua chegando a tais conclusões. É por isso que ele estava procurando novas regiões para governar todos os dias. Todas as noites o pôr do sol não devia encontrar as fronteiras do seu reino no mesmo lugar que o sol nascente as encontrara pela manhã.

Ele sonhava com prata e respirava ouro. Na vida, tais sonhos e tais respirações são muito perigosos, porque os sonhos com a prata se tornam grilhões para a respiração, e respirar ouro envenena a alma. O estupor que resulta do vinho da ambição só pode ser rompido com a morte.

O imperador já tinha vivido muitas primaveras. Ele estava chegando ao inverno da sua vida: a morte tinha começado a enviar suas intimações.

Todos os dias suas forças diminuíam e suas preocupações aumentavam. A vida dele estava tumultuada. O que um homem semeia na juventude, colhe na velhice. As sementes venenosas são inofensivas no momento da semeadura, só fazem mal quando se faz a colheita. Aqueles que podem ver o perigo dessa semente não a semeiam. Não se pode se livrar de uma semente depois que ela foi plantada; ela terá de ser colhida, não há como escapar disso.

O imperador estava no momento de colher o que ele próprio tinha plantado. Ele até pensou em se suicidar para escapar da situação. Mas a ambição de ser um imperador e a esperança de ser um monarca universal no futuro não lhe permitia nem mesmo isso. Ele poderia perder a sua vida – ele na verdade já a havia perdido –, mas desistir de ser um imperador estava além de suas forças. Esse desejo era a própria vida dele, e apenas desejos como esse – que se parecem com a vida – a destroem.

Um dia, tentando se livrar de suas preocupações, ele subiu até o platô de uma montanha verdejante. Mas é mais difícil fugir das preocupações do que da própria pira funerária. Uma pessoa pode fugir da sua pira funerária, mas não das suas preocupações, porque a pira funerária está fora e as preocupações estão dentro. O que quer que esteja dentro, vai sempre estar com você. Onde quer que esteja, aquilo estará com você. Sem transformar o eu desde as próprias raízes, não haverá escapatória.

O imperador andava pela floresta. De repente, ouviu o som de uma flauta. Havia algo naquele som que o fez parar abruptamente e voltar o cavalo na direção de onde vinha a música.

Perto de uma cachoeira cheia de pedras, sob a sombra de uma árvore, um jovem pastor tocava sua flauta e dançava. Suas ovelhas descansavam nas proximidades. O monarca disse a ele: "Você parece tão feliz como se tivesse um reino!"

O jovem respondeu: "Por favor, rezo para que a existência não me dê um reino. Neste momento sou um imperador, mas ninguém que ganhe um reino continua sendo imperador".

O rei ficou surpreso e perguntou: "Diga-me o que você possui que faz de você um imperador".

O jovem respondeu: "Não é pela riqueza, mas pela independência que uma pessoa se torna um imperador. Não tenho nada exceto eu mesmo. Eu tenho meu próprio ser comigo e não há riqueza maior do que isso. Não consigo pensar em nada que um imperador tenha e eu não tenha. Eu tenho olhos que podem ver a beleza, tenho um coração que ama e tenho a capacidade orar. A luz que o sol me dá não é menor que a luz que dá a um imperador e a luz que a lua derrama sobre mim não é menor que a luz que ela derrama sobre um imperador. Belas flores florescem tanto para mim quanto para ele. Um imperador se alimenta e cobre seu corpo com roupas; eu faço o mesmo.

"Portanto, o que um imperador tem que não eu também não tenho? Talvez as preocupações de um monarca, mas que Deus possa me livrar delas! Uma pira funerária é melhor do que preocupações. Há, por outro lado, muitas outras coisas que eu tenho e que um imperador não tem: minha independência, minha alma, minha felicidade, minha dança, minha música. Estou feliz com o que sou, e, portanto, sou um imperador."

O imperador ouviu as reflexões do jovem e disse: "Meu caro, você tem toda razão. Vá e conte a todos na aldeia que o imperador pensa do mesmo jeito".

50 Opiniões não atendidas

Uma manhã, eu tinha acabado de me levantar quando algumas pessoas vieram me dizer: "Você está sendo muito criticado. Um diz que você é ateu, outro diz que é irreligioso. Por que você não contesta todas esses comentários inúteis?

Eu respondi: "Nada que é inútil requer uma resposta. Nós só tornamos algo importante quando aceitamos que é digno de ser contestado".

Ao ouvir isso, um deles disse: "Mas não é correto permitir que prevaleça neste mundo o que está errado".

Eu respondi: "Você tem razão. Mas aqueles que precisam criticar e criar boatos nunca podem ser contidos. Eles são muito criativos e sempre encontram novas formas. Vou lhes contar uma história sobre isso".

E a história que eu contei a eles, vou repetir para vocês...

Era uma noite de lua cheia e toda a terra estava banhada na luz da lua brilhante. Shankar e Parvati, sentados em seu amado novilho,

Nandi, partiram numa breve viagem. Mas, logo que deram alguns passos, encontraram algumas pessoas no caminho. Vendo-os nas costas de Nandi, elas disseram: "Olhem aqueles dois sem-vergonha! Estão sentados naquele pobre touro – como se o bicho não tivesse vida". Ao ouvir essas observações, Parvati apeou e começou a andar.

Mas apenas uma pequena distância à frente, eles encontraram outras pessoas que disseram: "Ah, mas que interessante! Quem é esse homem que anda nas costas do boi, fazendo uma criatura delicada ir a pé? Que falta de vergonha!" Ao ouvir isso, Shankar desmontou e colocou Parvati de volta nas costas de Nandi.

Eles não tinham avançado mais que alguns passos quando outras pessoas disseram: "Que mulher mais descarada! Faz o marido andar enquanto ela vai sentada no boi! Meus amigos, é o fim do mundo!" Ao ouvir isso, ambos começaram a andar a pé ao lado de Nandi.

Eles avançaram apenas alguns passos quando outras pessoas disseram: "Olhe aqueles tolos! Têm um boi tão forte com eles e ainda assim andam a pé".

Agora, eles estavam num dilema. Não havia mais nada que Shankar e Parvati pudessem fazer. Eles pararam com Nandi debaixo de uma árvore para abordar o problema. Até então, Nandi permanecera em silêncio. Então ele soltou uma risada e disse: "Sabe qual é a solução? Vocês dois devem me levar na cabeça!"

Assim que ouviram isso, Shankar e Parvati caíram em si e os dois subiram nas costas de Nandi novamente. Mesmo assim, as pessoas que passavam continuaram dizendo coisas. Na verdade, como as pessoas podem passar sem dizer alguma coisa? Mas agora Shankar e

Parvati estavam gostando da sua jornada à luz da lua e nem se davam conta de todas aquelas pessoas passando.

Na vida, se você quiser chegar a algum lugar, saiba que é suicídio prestar atenção às palavras de todos que encontra no caminho.

Na verdade, uma pessoa cuja opinião tem algum valor nunca a expressará sem que tenham solicitado.

Lembre-se também de que o movimento de uma pessoa que não age de acordo com sua própria visão e inteligência se torna como o movimento de folhas secas voando com a força do vento.

51 A vida e a morte não estão separadas

Uma pessoa disse a Confúcio: "Estou muito cansada. Agora quero descansar. Existe uma maneira?"

Confúcio disse a ela: "A vida e o repouso são duas palavras contraditórias. Se você quer viver, não peça descanso. Descanso é morte".

A pessoa franziu a testa de preocupação e perguntou: "Então eu nunca encontrarei descanso?"

Confúcio respondeu: "Você vai encontrar; com certeza vai encontrar", e apontando para o cemitério na frente deles, disse: "Olhe para esses túmulos. Há paz neles. Aqui há descanso".

Eu não concordo com Confúcio. A vida e a morte não estão separadas. Elas são como a respiração da existência. Nem a vida é apenas ação, nem a morte é apenas descanso. De fato, aquele que não está em repouso durante a vida não consegue ficar em paz nem mesmo após a morte. A inquietação durante o dia não faz seu sono à noite também ser agitado? A inquietação que sentiu a vida inteira não vai torturá-lo após a morte? A morte seguirá o mesmo padrão que a vida seguiu; ela não é o oposto da vida, é complementar a ela.

Certamente você não deve ficar inativo durante a vida, porque isso equivale a estar morto quando na verdade você está vivo, mas uma vida só de ação também não convém. Isso também não é vida. É idiotice, uma mecanização idiota.

A vida só será perfeitamente frutífera se houver ação na circunferência e inação no centro: ação exterior, paz interior; movimento exterior, calma interior. Uma pessoa completa só nasce quando uma personalidade cheia de ação se une a uma alma tranquila. A vida de um indivíduo é pacífica, e a morte dele será a melhor libertação.

52   O sacerdote e o sudra

Era a uma reunião. Uma reunião de sudras, a casta dos servos na Índia. A própria concepção de sudra enche meu coração de lágrimas. Ao chegar à reunião me senti muito infeliz e triste. O que o ser humano fez a ele próprio? Aqueles que estão construindo paredes insuperáveis entre as pessoas são chamados de "religiosos"! Quer maior ruína para a religião do que essa? E se isso é religião, então o que é irreligião? Parece que os covis da irreligião roubaram as bandeiras da religião, e as escrituras de Satanás tornaram-se as escrituras de Deus.

A verdadeira religião não é separação, é união. Não é dualidade, é "não dualidade". Não se encontra a religião construindo-se paredes, mas demolindo-as. As chamadas religiões apenas criaram divisões e erigiram paredes. Usaram seu poder para fragmentar e dividir o ser humano. Certamente isso não foi feito sem motivo, certo? O fato é que não pode haver organizações nem exploração sem colocar uma pessoa contra a outra. Se a humanidade for uma só, então a própria base de exploração será destruída, porque para a exploração, desigualdades, seitas e sistemas de castas são essenciais. Por essa razão, as religiões, em muitas formas, apoiaram desigualdades, seitas e castas. Uma sociedade sem seitas e castas é automaticamente contra a exploração. Aceitar a igualdade de todas as pessoas é descartar a exploração.

Por isso, se nenhuma divisão for feita entre uma pessoa e outra não pode haver organizações e seitas religiosas. A divisão cria medo, inveja e ódio, e finalmente inimizade. A inimizade dá origem a organizações. As organizações nascem da inimizade e não da amizade. O ódio, não o amor, é a sua pedra fundamental.

As organizações são formadas por medo da inimizade. Organizações tornam-se poderosas. O poder torna a exploração e a satisfação da cobiça por autoridade mais fáceis. À medida que o poder se expande, ele se desenvolve em cobiça para governar.

Dessa maneira, a religião secretamente se transforma em política. A religião vai na frente e a política segue atrás. A religião acaba por ser apenas a capa, e a política se torna a força motriz por trás. Na verdade, onde quer que haja organizações e seitas, não há religião; só existe política.

A religião é uma busca por meio da meditação, não é organização. Sob o nome de diferentes organizações religiosas, políticas diferentes continuam fazendo suas manobras. Sim, na ausência de organizações, pode haver *religião*, mas não religiões, com seus adoradores, sacerdotes e afins.

Deus foi transformado numa profissão. Interesses escusos já são associados a Deus. O que pode ser mais obsceno e irreligioso do que isso? Mas o poder da propaganda é ilimitado e com a propaganda constante, até as mentiras absolutas serão verdades. Então, qual é a surpresa ao ver que os adoradores e sacerdotes – que estão no negócio da exploração – se tornam adeptos dos sistemas de exploração? As religiões têm sido fortes pilares dos sistemas de exploração social. Ao tecer uma rede de doutrinas imaginárias, eles retrataram os exploradores como pessoas religiosas e os explorados como pecadores. Àqueles que são explorados dizem que seu sofrimento é resultado de suas más ações em vidas passadas. Na verdade, as religiões deram muito ópio para as pessoas!

Um velho sudra me perguntou no final da reunião: "Posso ir aos templos?"

Eu disse: "Aos templos? Mas para quê? O próprio Deus nunca visita esses templos que pertencem aos sacerdotes".

Deus não tem outro templo senão a existência. Todos os outros templos e mesquitas são invenção dos sacerdotes. Não há sequer uma relação distante entre esses templos e Deus. Deus e os sacerdotes nunca nem dirigiram a palavra um ao outro! Os templos são criação dos sacerdotes e os sacerdotes são criação de Satanás. Eles são discípulos de Satanás. Escrituras e seitas religiosas são responsáveis pelo fato de o homem estar contra o homem. Eles falaram de amor, mas espalharam o veneno do ódio – na verdade é mais fácil administrar o veneno quando ele está revestido de pílulas de açúcar. Mas, mesmo assim, as pessoas não desconfiam dos sacerdotes – sempre que pensam em Deus, elas se envolvem com os sacerdotes. E essa é a causa fundamental do enfraquecimento da conexão da humanidade com Deus. Os sacerdotes estão sempre ocupados em matar Deus. Além deles, Deus não tem outro assassino.

Se você quer escolher Deus, não pode escolher o sacerdote. Não é possível reverenciar os dois ao mesmo tempo. Quando um sacerdote entra num templo, Deus sai! Para estabelecer uma relação com Deus, é necessário se livrar dos sacerdotes. Eles são o único obstáculo entre um devoto e Deus. O amor não tolera ninguém no meio, nem a oração.

Era de manhã cedo. Ainda estava escuro. Assim que a porta de um templo se abriu, um sudra subiu os degraus até a porta. Ele estava prestes a atravessá-la quando o sacerdote gritou com raiva. "Pare, pare aí, seu pecador! Se der um passo adiante, será aniquilado. Você maculou os degraus sagrados do templo de Deus!"

O sudra, assustado, recuou. Lágrimas apareceram em seus olhos como se alguém tivesse esfaqueado seu coração, tão sedento de Deus. Ele chorou e disse: "Ah, Deus, qual é o meu pecado que não me permite vê-lo?"

O sacerdote disse: "Em nome de Deus, você é impuro desde o seu nascimento. Você é um amontoado de pecados".

O sudra orou: "Então praticarei disciplinas espirituais para me purificar. Não quero morrer sem ver Deus".

E durante muitos anos, ninguém mais viu o sudra. Ninguém sabia onde ele estava. As pessoas quase tinham se esquecido dele quando, de repente, ele voltou para a aldeia. O templo ficava perto da entrada da aldeia. O sacerdote viu o sudra caminhando ao lado do templo. Havia um novo brilho em seu rosto. Havia até uma paz antes desconhecida em seus olhos. Mesmo ao redor do rosto, havia um halo de luz. Mas ele nem levantou os olhos para o templo. Parecia absolutamente indiferente e desinteressado.

O sacerdote não conseguiu se controlar. Ele o chamou para perguntar: "Ei! Concluiu sua autopurificação?"

O sudra soltou uma risada e assentiu com a cabeça.

O padre perguntou: "Então por que não entra no templo?"

O sudra respondeu: "Senhor, o que eu faria se entrasse? Quando Deus apareceu diante de mim, ele disse: 'Por que você foi me procurar no templo? Não há nada lá. Eu mesmo nunca estive nesses templos e, mesmo que fosse até lá, você acha que o sacerdote me deixaria entrar?'"

53 A religião não pode ser comprada

Um multimilionário que conheço construiu vários templos. Investiu seu dinheiro na religião e tem grandes expectativas. Ele é um homem de negócios muito perspicaz e costuma obter um lucro dez vezes maior.

Mesmo no negócio da religião, ele não quer ficar para trás. O fato é que ele não costuma ficar para trás. Se não fica para trás quando a questão é dinheiro, por que deveria ficar quando se trata de religião? Em assuntos mundanos, ele está à frente e acima dos outros – e agora já está tomando providências com relação ao outro mundo! O céu é agora uma certeza e ele, portanto, já não tem mais nenhuma preocupação com este mundo.

Não só a terra, mas até mesmo o céu pode ser comprado com dinheiro. É por isso que o dinheiro é tão importante. O dinheiro é ainda maior do que a religião, porque o dinheiro não pode ser comprado com religião, mas a religião pode certamente ser comprada com dinheiro. Quando o dinheiro pode comprar religião, o medo de acumular dinheiro através de meios escusos também desaparece, porque, se não for por meios ilícitos, não se pode acumular dinheiro. Riqueza é basicamente roubo. Riqueza é sangue explorado. Mas no Ganges da religião, todos os pecados são lavados, e o Ganges da religião começa a fluir onde quer que o Bhagirath (o rei cujos esforços rigorosos trouxeram o Ganges para a terra) da riqueza acene. Desse modo, a religião se torna a base da irreligião.

Mas como a religião pode ser a base da irreligião? Certamente, essa religião não é a verdadeira religião.

O que pode ser comprado com riqueza não é religião.

Eu ouvi...

Uma manhã, um homem rico bateu nas portas do céu. Chitragupta, o porteiro do céu, perguntou: "Irmão, quem está aí?"

"Eu! Você não me conhece? A notícia da minha morte não chegou aqui ainda?"

Chitragupta perguntou: "O que você quer?"

O homem rico disse com raiva: "Isso é algo que se precisa pedir? Eu quero entrar no céu, ora!", e ao dizer isso ele tirou um pacote de dinheiro do bolso do casaco e ofereceu a Chitragupta.

Chitragupta riu alto e disse: "Meu irmão, o costume do seu mundo não funciona no céu, nem essas moedas estão em circulação por aqui. Por favor, guarde seu dinheiro".

Diante disso, o homem rico começou a se comportar como alguém pobre e manso. O poder que lhe dera força no passado estava provando não ter absolutamente nenhuma importância ali.

Chitragupta perguntou: "O que você fez para merecer entrar no céu?"

Depois de pensar muito, o homem rico disse: "Dei dez centavos para uma velha senhora".

Chitragupta perguntou imediatamente ao seu colega de trabalho: "Isso é verdade?"

O colega de trabalho examinou os arquivos e disse: "Sim, senhor. É verdade".

Chitragupta perguntou ao homem rico: "O que mais você fez?"

O rico pensou novamente e disse: "Dei cinco centavos a um órfão".

O colega de trabalho pesquisou entre seus papéis e descobriu que esse fato também era verdade.

Chitragupta perguntou: "Mais alguma coisa?"

O homem rico disse: "Não, isso é tudo. Eu só me lembro dessas duas coisas".

Chitragupta perguntou ao seu colega de trabalho: "O que é melhor fazer?"

O colega de trabalho disse: "É melhor devolver os quinze centavos a ele e enviá-lo para o inferno. Quinze centavos para entrar no céu é pechincha demais!"

Mas pode-se entrar no céu dando-se mais dinheiro? Um centavo é, no final, um centavo – mesmo que você coloque um em cima do outro e faça uma pilha maior, um centavo sempre será um centavo.

Na verdade, a religião não pode ser comprada de maneira alguma – nem por muito nem por pouco dinheiro –, porque o dinheiro não circula no mundo da religião. A religião não pode ser comprada, mesmo que você renuncie à sua riqueza, porque tentar comprar o céu renunciando à riqueza é o mesmo que tentar comprá-la *com* a sua riqueza. O dinheiro não tem valor quando se trata de religião e de valores. A própria linguagem do dinheiro é irrelevante para a religião.

A realidade do nosso eu não pode ser comprada. A realidade do nosso eu é a religião, a realidade do nosso eu é o paraíso – e ele não é encontrado fora do eu. Ele está sempre presente dentro do eu. Você não precisa passar a viver na religião, você simplesmente tem que acordar e saber você viveu na religião o tempo todo. Assim como um peixe vive no mar, nós vivemos na religião. Mas, mesmo quando o peixe está no mar, ele ainda pode deixar o mar em seu sono, em seus sonhos. Nós estamos na mesma condição: quando estamos no mundo, estamos sonhando. Tanto a entrega ao mundo quanto a renúncia são sonhos. Tanto os palácios quanto os templos são sonhos.

Nem os palácios nem os templos, que são construídos em sonhos, podem trazer o despertar. O caminho para o despertar é diferente. Ele só é encontrado quando transferimos nossa consciência do que é visto para quem vê. Nosso sono é tão profundo quanto a atenção que damos ao que é visto, e o despertar se aproxima à medida que a nossa atenção se volta para quem vê. Quando nossa atenção retorna totalmente para quem vê, o que é visto e aquele que vê desaparecem, e a totalidade que permanece é a religião. Essa é a verdade. Essa é a liberdade suprema.

54   O primeiro degrau da escada

Qual é a primeira verdade na busca pela verdade suprema? A primeira verdade é que um indivíduo deve se conhecer pelo que ele é, do modo como é. Esse é o primeiro degrau da escada. Mas, na maioria das escadas, esse primeiro degrau está faltando, e portanto elas são escadas apenas no nome, pois não podem ser usadas para escalar. E, se alguém quiser, pode carregar essa escada nos ombros, mas será impossível subir por meio dela.

O homem engana os outros, engana a si mesmo e quer enganar até mesmo Deus. Nessas tentativas, ele se perde. Ele cria toda uma cortina de fumaça que cega seus olhos.

Nossa civilização, nossa cultura e nossas religiões não são lindos nomes para enganos semelhantes? Não fizemos uma tentativa vã de encobrir nossa falta de civilização, de cultura e de religião atrás dessa cortina de fumaça? E qual foi o resultado? O resultado foi que, por causa dessas mesmas civilizações, não conseguimos nos civilizar e, por causa das nossas religiões, não conseguimos nos tornar religiosos, porque a falta de verdade nunca pode se tornar o caminho que leva à verdade.

A própria verdade é a porta da verdade. Somente depois de desistir de todos os autoenganos, o caminho para a verdade pode ficar claro e desobstruído. É essencial lembrar que, em última análise, você não pode enganar a si mesmo. Mais cedo ou mais tarde, os enganos vão se esfacelar e as verdades serão reveladas. Por essa razão, o autoengano acaba por se transformar em remorso. Mas o arrependimento não pode fazer o que pode a consciência antecipada.

Por que queremos enganar? Não existe medo por trás de todos os nossos enganos? Mas a raiz do medo é destruída pelo engano? Pelo contrário, com o engano, essas raízes são enterradas e crescem mais profundamente. Dessa maneira elas não morrem, ficam mais vivas e mais poderosas. Por essa mesma razão, enganos ainda maiores precisam ser criados para encobri-las e escondê-las, e então uma sucessão infinita de enganos começa, na qual a covardia continua aumentando e o homem se torna só um amontoado triste de mansidão e covardia. Então ele começa a temer a si mesmo também – e esse medo se torna um verdadeiro inferno.

Na vida, não é certo se esconder atrás das ilusões nascidas do medo. O certo é procurar a causa básica do medo. Você não deve reprimir o medo, deve descobri-lo. A libertação final é impossível se houver medo reprimido. Só depois de conhecer esse medo, depois de descobri-lo, você fica livre dele.

Por essa razão, considero a coragem a mais religiosa das qualidades. No templo da vida, não é possível entrar pela porta dos fundos. A existência apenas acolhe aquele que luta com coragem.

Numa grande cidade da Inglaterra, uma das peças de Shakespeare estava sendo encenada. Isso aconteceu numa época em que um cavalheiro assistir a uma peça de teatro era considerado algo pecaminoso, e a questão de um sacerdote assistir a uma peça nem era cogitada. A religião é, afinal, seu único domínio! Mas um padre estava achando impossível evitar a tentação de ver a peça. Ele tentou fazer isso da mesma maneira que costumamos fazer na vida. Escreveu ao gerente do teatro e perguntou: "Você pode me ajudar a entrar pela porta de trás do teatro para que ninguém me veja?"

O gerente enviou sua resposta: "Sinto muito. Aqui não existe nenhuma porta que não possa ser vista por Deus".

Eu quero dizer o mesmo a você. Não há porta dos fundos pela qual você possa entrar na verdade. Deus está em todas as portas.

55 Quem está tomando conta da loja?

Esta é uma história sobre uma jornada. Alguns anciãos e anciãs saíram em peregrinação. Um santo também estava entre eles. Eu os ouvia conversar. O santo estava explicando: "O que acontece depois da vida depende do que o homem estava pensando no final da sua vida. Aquele que zelou pelo fim da sua vida zelou por tudo. Deus deve ser lembrado no momento da morte. Houve pecadores que se lembraram do nome de Deus por engano no momento da morte e estão desfrutando os prazeres do céu hoje".

A conversa do santo estava produzindo o efeito desejado. Aqueles anciãos estavam em peregrinação nos últimos anos da vida e o coração deles exultava ao ouvir o que queriam: "Na verdade a questão não é sobre a vida, mas sobre a morte. Para se livrar dos pecados de uma vida, basta lembrar-se do nome de Deus, mesmo que por engano". No caso deles, não era nem mesmo um engano, mas porque decidiram que iriam a essa peregrinação. Naturalmente, eles estavam felizes, e por causa dessa felicidade eles também estavam cuidando bem do santo.

Eu estava sentado bem na frente deles. Ao ouvir o santo, soltei uma risada, e o santo me perguntou com raiva: "Você não acredita na religião?"

Eu disse: "Onde está a religião? Somente as moedas da irreligião estão circulando por aqui, disfarçadas de religião; e são apenas moedas ruins que exigem fé. Se a inteligência e o discernimento de alguém não estão ao seu favor, é preciso fé. A fé acaba com a prudência. Mas nem os cegos estão prontos para aceitar que são cegos, nem os fiéis estão prontos para admitir que são seguidores cegos.

"A conspiração arquitetada pelos cegos e seus exploradores quase cortou as próprias raízes da religião. Existe o espetáculo da religião e a prática da irreligião. Você já pensou no que iria dizer para esses anciãos? 'Seja qual for a vida que levaram, seus pensamentos devem ser puros no final.' Pode haver algo mais desonesto do que isso? É possível? Se a semente é uma semente de maçã, então a árvore será uma árvore de maçãs; e agora você quer colher uma manga! Somente a essência da vida que passou pode aparecer diante da consciência, no momento da morte. O que é a morte? Não é o desfecho da própria vida? Como pode estar em oposição à vida? É apenas uma extensão dela. É apenas o fruto da vida.

"Todos os pensamentos imaginários – como a história do pecador Ajamil que, no momento da morte, chamou o filho Narayan, e por ter pronunciado o nome de Deus sem querer, ficou livre de todos os pecados e alcançou a libertação final – serão inúteis. Que invenções será que a mente pecadora do homem não fará? E sempre haverá uma pessoa para explorar essas pessoas aterrorizadas. Existe realmente um nome para Deus? A lembrança de Deus é um estado de sentimento interior. O estado de sentimento em que o ego está eliminado é o estado certo para se lembrar de Deus. Somente aquele que continua sacudindo a poeira do ego ao longo da vida pode finalmente encontrar o espelho claro da ausência do ego. Isso não pode acontecer simplesmente falando-se um nome por engano.

"Alguém que erroneamente acredita que um nome seja o nome de Deus vai continuar vivendo com esse equívoco ao longo de toda a sua vida; sua consciência só será preenchida com mais inconsciência do que com consciência divina. A mera repetição de uma palavra não desperta a consciência; ela a faz cair no sono. Não sabemos por que Ajamil estava chamando seu filho Narayan. A explicação mais provável é que, por achar que estava no fim da vida, ele queria explicar algumas questões inacabadas ao filho.

"Nos últimos instantes, apenas a essência de toda a sua vida aparece (e pode aparecer) diante da sua consciência."

Então contei uma história a eles...

Um velho lojista estava em seu leito de morte. Ao redor de sua cama estavam sentados os membros da sua família, todos muito tristes. O velho de repente abriu os olhos e perguntou com grande preocupação. "Minha esposa está aqui?"

A esposa disse: "Sim. Estou aqui".

"E meu filho mais velho?"

"Ele também."

"E os outros cinco garotos?"

"Eles também."

"E minhas quatro filhas?"

"Elas estão aqui também. Não precisa se preocupar. Por favor, deite-se e descanse", a esposa insistiu

"Como assim?", perguntou o moribundo, tentando se sentar, "Então quem está cuidando da loja?"

56 Onde está a felicidade?

Você se pergunta "Onde está a felicidade?".
Vou lhe contar uma história. Essa história contém a resposta.

Um dia, as pessoas deste mundo tinham acabado de acordar pela manhã quando ouviram um estranho anúncio, que nunca ninguém tinha ouvido. Ninguém entendeu de onde vinha esse anúncio sem precedentes, mas suas palavras eram muito claras. Possivelmente vinha do céu, ou talvez viesse do coração. Ninguém sabia bem sua origem.

"Pessoas deste mundo! Deus está concedendo uma dádiva de felicidade, uma oportunidade garantida para se livrarem de todos os seus problemas. À meia-noite de hoje, quem quiser se livrar dos seus problemas deve reuni-los numa trouxa imaginária e jogá-la nos arredores da cidade. Antes de voltar, deve reunir qualquer felicidade que deseje nessa mesma trouxa e voltar para casa antes do nascer do sol. No lugar dos problemas, terá felicidade. Quem não aproveitar essa oportunidade a perderá para sempre. Ela surgiu agora porque a árvore dos desejos desceu sobre a terra apenas por uma noite. Tenha fé e vá buscar seu fruto. A confiança dá frutos."

Esse anúncio continuou sendo repetido durante todo o dia, até o pôr do sol. Quando a noite se aproximou, até mesmo os céticos começaram a acreditar. Quem seria tão tolo a ponto de perder essa oportunidade? E por acaso existia alguém que não tivesse problemas e nenhum desejo de felicidade? Todos começaram a colocar seus problemas na trouxa. Todos só tomavam cuidado com uma coisa: que não deixassem nenhum problema para trás. Quando a meia-noite se aproximava, todas as casas do mundo estavam vazias e inúmeras pessoas com trouxas cheias de problemas estavam marchando, como fileiras de formigas, para os arredores das suas cidades. A fim de evitar que os problemas voltassem, elas se afastavam cada vez mais das cidades para jogar as trouxas e, como loucas, começaram a coletar apressadamente a sua felicidade após a meia-noite.

Todos tinham pressa, pois não queriam que a manhã chegasse enquanto ainda não tivessem colocado toda a felicidade dentro da trouxa. Havia tanta felicidade e o tempo era tão curto! No entanto, as pessoas se apressaram e conseguiram chegar em casa em torno do nascer do sol, depois de terem reunido tudo. Ao chegar em casa, elas viram, sem acreditar, que no lugar de suas cabanas, havia grandes palácios, que beijavam o céu. Tudo era dourado. A felicidade se derramava sobre a cidade. Tudo o que queriam estava ao alcance delas.

Esta foi a primeira surpresa, mas havia outra ainda maior! Mesmo depois de descobrir tudo isso, as pessoas ainda não tinham uma expressão de felicidade no rosto. A alegria dos seus vizinhos lhes causava aflição. Seus velhos problemas haviam desaparecido, mas tinham sido substituídos por problemas e preocupações totalmente novos. Os problemas tinham mudado, mas a mente das pessoas era a mesma, então elas ainda eram infelizes. O mundo mudou, mas as pessoas eram iguais e, portanto, nada tinha mudado.

Havia, é claro, uma pessoa que não tinha aceitado o convite para entregar sua dor e colher felicidade. Era um monge que andava nu. Ele tinha a pobreza e só a pobreza, e com pena da sua loucura todos pediram que ele se juntasse a eles: o próprio rei estava indo, então é claro que o monge deveria ir também. Mas ele tinha soltado uma risada e dito: "Qualquer coisa que esteja lá fora não pode ser felicidade. E como posso procurar lá fora algo que está dentro de mim? Já descobri isso depois de ter desistido de toda busca".

As pessoas riram desse disparate e sentiram pena dele. Foi considerado um completo tolo. E quando todas as suas cabanas foram convertidas em palácios, e pedras preciosas foram espalhadas como seixos na frente das suas casas, as pessoas novamente disseram ao monge: "Já percebeu seu erro agora?"

Mas o monge riu novamente e disse: "Eu estava pensando em fazer a vocês a mesma pergunta".

57 Medo da morte

Eu estava sentado ao lado de um homem de 84 anos que estava morrendo. Ele tinha todas as doenças que uma pessoa pode ter, e tudo ao mesmo tempo. Durante muitos anos, sofreu uma dor insuportável. Por fim, também perdeu a visão. Ocasionalmente, ele desmaiava. Não saía da cama havia muito tempo. Sua vida era dor e apenas dor. Mas mesmo nessas condições ele queria viver. Não estava pronto para a morte mesmo assim.

Mesmo que a vida tenha se tornado um verdadeiro inferno, ninguém quer morrer. Por que esse anseio pela vida é tão ilógico e insatisfeito? Ele força você a aguentar tudo. Por que esse medo da morte? E como você pode ter medo da morte se ainda não passou por ela? Na realidade, você só pode ter medo do que conhece. Por que ter medo do desconhecido? Só pode haver desejo ou busca para conhecer o desconhecido.

O velho começava a chorar na frente de quem quer que viesse visitá-lo. Eram só queixas e reclamações. As queixas não acabam, nem mesmo no momento da morte. Talvez elas continuem mesmo depois da morte.

Ele já estava cansado de consultar todo tipo de médico, mas não perdia a esperança. Com a ajuda de algum amuleto, ainda esperava viver.

Encontrei-o sozinho e lhe perguntei: "Você ainda quer viver?"

Ele ficou claramente sobressaltado. Deve ter achado minha pergunta de mau agouro. Então, com grande tristeza, ele disse: "Agora tenho apenas uma oração a Deus: que ele possa me levar". Mas estava escrito em seu rosto que não era verdade.

Lembrei-me de uma história...

Havia um lenhador. Ele estava desamparado, pobre, infeliz e velho. Não conseguia cortar lenha nem mesmo para pagar sua comida. O seu vigor diminuía a cada dia. Ele não tinha mais ninguém no mundo.

Um dia, depois de cortar madeira na floresta, enquanto amarrava o fardo de lenha, ele murmurou: "Nem a morte vem em meu socorro e me salva dessa vida dolorosa da velhice". Mas, logo que pronunciou essas palavras, sentiu alguém parado atrás dele. Uma mão invisível e muito fria pousou no ombro dele. Seu corpo e sua respiração estremeceram. Ele se virou, mas não conseguiu ver ninguém. Mesmo assim, alguém certamente estava lá; o peso da mão fria era inegável em seu ombro.

Antes que pudesse falar qualquer coisa, aquele poder invisível falou. "Eu sou a morte. Diga-me, o que posso fazer por você?"

O velho lenhador ficou sem palavras. Era inverno, mas o seu corpo suava abundantemente. De alguma forma, ele reuniu coragem e perguntou: "Oh, deusa, tenha piedade deste pobre homem. O que quer comigo?"

A morte disse: "Estou aqui porque você se lembrou de mim".

O lenhador se recompôs e disse: "Perdoe-me. Eu tinha me esquecido: peço que me ajude a levantar este fardo de lenha. Chamei a senhora apenas para isso, e, no futuro, não vou mais importuná-la, ou se, por engano, eu fizer isso, não precisa nem vir. Pela graça de Deus, estou muito bem".

O velho estava justamente pensando nessa história quando alguém veio e disse: "Um homem santo chegou. Há muitas histórias sobre seus poderes milagrosos. Devo fazê-lo entrar?"

Um brilho de esperança surgiu no rosto do velho e, de alguma forma, ele se sentou na cama e disse: "Onde está esse homem santo? Chame-o, rápido. Não estou tão doente assim. Na verdade, são os médicos que estão me matando. Deus quer me salvar, e é por isso que estou aqui, apesar deles. Quem pode matar uma pessoa que Deus queira salvar?"

Então fui embora. Mas, ao chegar em casa, recebi a notícia de que o velho não estava mais neste mundo.

58 O ego quer o que ninguém mais tem

Um multimilionário estava construindo um palácio. Assim que o palácio ficou pronto, ele começou a morrer. Isso é o que muitas vezes acontece. A pessoa para quem o palácio está sendo construído muitas vezes morre durante a construção, antes que possa morar nele. Essas pessoas querem construir um lugar para morar, mas em vez disso constroem seus túmulos.

Era o que estava acontecendo. O palácio foi construído, mas o construtor já estava perto do fim. E o palácio não se comparava a nenhum outro.

O ego quer o que ninguém mais tem, e só por isso o homem perde sua própria alma. O ego, que é um fenômeno inexistente, só pode experimentar a sua existência tornando-se o mais importante. Só pode experimentar a sua existência sendo o primeiro. Esse palácio era incomparável em todos os aspectos – na beleza, no projeto e na conveniência – e assim o multimilionário estava no sétimo céu. Toda a capital estava falando sobre ele. Quem via o palácio ficava boquiaberto.

Por fim, o próprio rei foi vê-lo. E também não pôde acreditar em seus olhos. Em comparação com esse palácio, o seu próprio parecia inferior. Ao entrar, ele sentiu inveja, mas elogiou o palácio. O multimilionário na verdade confundiu a inveja com admiração. Sentindo-se constrangido com os elogios do rei, ele disse: "É tudo pela graça de Deus". Mas, em seu próprio coração, ele sabia que era tudo por causa de seus próprios esforços. Ao se despedir do rei, ele lhe disse no portão: "Eu fiz apenas um portão neste palácio. Pois neste tipo palácio não ocorrem roubos. Para alguém entrar ou sair, precisa passar por este único portão".

Um velho estava em meio à multidão reunida no portão. Ouvindo as palavras do homem rico ele soltou uma gargalhada. O rei perguntou: "Por que está rindo?"

Ele disse: "Eu só posso dizer a razão se sussurrar na orelha do homem rico". Então ele foi até o senhor da casa e sussurrou em seu ouvido: "Eu só ri quando ouvi você elogiar o único portão do palácio. Esse é o único defeito de todo o palácio. A morte entrará por esse mesmo portão e vai levá-lo embora. Se ele não existisse, então você ficaria bem".

O ser humano também constrói palácios na vida. Em todos eles existe o mesmo defeito. Por essa razão, nenhuma casa é o lugar perfeito para se morar. Pois em todas, há pelo menos uma entrada e essa entrada se torna a porta para a morte.

Mas é possível ter uma morada na vida em que não haja uma porta para a morte? Sim, é possível. Mas essa casa não tem paredes. Tem portas e mais portas, e como tem apenas portas, estas permanecem invisíveis. A morte só pode entrar através de uma porta. Onde há portas e mais portas, não existe uma porta para a morte.

O ego cria paredes na vida. Então, para a entrada e saída do eu, ele tem que fazer pelo menos uma porta, e essa é a porta da morte. A casa do ego não pode ficar livre da morte. Sempre resta uma porta, e essa é a porta da qual estamos falando. Se não houver essa única porta, então o ego vai morrer, vai se matar.

Mas existe vida sem ego. Essa vida é imortal porque não tem nenhuma porta para a morte, e nenhuma parede para envolvê-la.

Onde não existe ego, existe alma. A alma é ilimitada e sem fim, como o céu, e o que é ilimitado e não tem fim é imortal.

59 A oração não exige nada

Eu fui convidado para ir a uma pequena aldeia. Embora fosse pequena, ela tinha um templo, uma mesquita e também uma igreja. As pessoas eram religiosas e, ao amanhecer, todos os dias iam para seus lugares de culto. Mesmo à noite, só iam dormir depois que os visitassem de novo. Lá havia festivais religiosos todos os dias.

Mas a vida na aldeia era semelhante à vida de muitas outras aldeias. A religião e a vida não pareciam se entrelaçar. A vida tem os seus caminhos e a religião tem outros. Eles eram paralelos uns aos outros e, portanto, nunca se encontravam. Como resultado, a religião ficava sem vida e a vida das pessoas ficava sem religião.

O que estava acontecendo nessa aldeia está acontecendo no mundo todo. Visitei cada um dos lugares de culto durante um ou dois dias, e tentei conseguir um vislumbre dos corações dos chamados devotos e sacerdotes de Deus. Fitei seus olhos, estudei suas orações, falei com eles, examinei a vida deles. Observei suas idas e vindas, seus costumes e fui a algumas residências. Perguntei aos vizinhos sobre eles. Ouvi dos devotos de um deus sobre os devotos de outro deus. Recolhi informações dos sacerdotes de um templo sobre os sacerdotes de outro templo. Discuti com os eruditos de uma religião e com os eruditos de outra religião. Cheguei à conclusão de que essa vila de aparência religiosa era absolutamente irreligiosa. Havia uma fachada de religião e uma vida de irreligião.

A fachada da religião só é necessária para uma vida de irreligião. Os locais de adoração existem apenas para esconder locais de assassinato?

Os chamados sacerdotes de Deus não tinham nada a ver com ele. Eles certamente queriam manter Deus porque ele estava trazendo dinheiro. E os devotos de Deus não tinha amor por ele. Eles estavam buscando segurança para combater os medos do mundo, e estavam orando a Deus para ajudá-los a alcançar seus desejos mundanos. Aqueles cuja vida estava prestes a acabar queriam a segurança e o conforto de Deus quanto ao futuro deles. Todos adoravam apenas os prazeres e os divertimentos. Porque seu amor era apenas para o mundo, nenhuma das suas orações era, na verdade, uma oração a Deus. Em suas orações, eles estavam pedindo tudo, exceto o divino, e, o fato é que, enquanto uma oração tiver uma exigência ou reclamação, essa oração não é para Deus.

Uma oração se torna uma verdadeira oração somente quando está livre de exigências. Mesmo quando existe um anseio pelo divino, essa oração não é uma oração de verdade. A oração é verdadeira quando é completamente livre de qualquer exigência. Com certeza, essa oração não pode conter louvores. O louvor não é oração, é bajulação. O louvor é suborno. Não é apenas a manifestação de uma mente mundana, como também uma tentativa de enganar, e o que poderia ser mais tolo do que tentar enganar dessa maneira? Ao fazer isso, o ser humano engana apenas a si mesmo.

Meu amigo, a oração não é uma exigência. É amor. É a rendição do eu. A oração não é louvor. É um estado de gratidão muito profunda; e onde há uma intensificação de sentimento, não há palavras.

A oração não é fala, é silêncio, é uma dedicação ao infinito. A oração não é palavras, é a música do infinito. Essa música começa onde as outras músicas terminam.

A oração não é adoração, nem pode haver lugares de adoração. A oração não tem nada a ver com o mundo exterior. Não tem relação com os outros. É o despertar mais íntimo do eu.

A oração não é ação, é consciência. Não é fazer, é ser.

Somente o nascimento do amor é necessário para a oração. Para isso, mesmo o conceito de Deus é desnecessário – até obstrutivo. Onde quer que exista oração existe Deus, mas onde quer que haja a *ideia* de Deus, ele não pode estar presente justamente por causa dessa mesma ideia.

A verdade é uma só. Deus é um só. Mas as mentiras são muitas, as concepções são muitas e, portanto, os templos são muitos. Por esse motivo os templos se tornam não portas, mas paredes que obstruem qualquer tentativa de alcançar Deus.

Aquele que não encontrou o templo de Deus no amor não encontrará Deus em nenhum outro templo.

O que é o amor? É um apego a Deus? Apego não é amor. Onde há apego, há exploração. No apego, outra pessoa é o objeto; o sujeito é o eu.

Na verdade, no amor, o outro não existe. Relacionar-se com o outro significa envolver-se com o ego, e onde existe ego, não existe Deus. O amor só existe. Não é *para* alguém. Ele só existe. Quando o amor é para alguém, existe uma ilusão; esse "amor" é um apego, um desejo. Quando o amor é apenas ele próprio, então não é um desejo, é oração. O desejo é como os rios que fluem para o oceano; o amor é como o próprio oceano. Ele não flui para ninguém. É simplesmente ele mesmo. Não tem atração por alguém; ele existe dentro de si mesmo e, como o oceano, ele também é uma oração. O desejo é o fluxo, a atração e a tensão. A oração é um estado. A oração é pacífica por si mesma.

O amor e a perfeição são atraídos um para o outro sem nenhuma razão, sem que se vejam e sem que sejam empurrados um para o outro.

Eu chamo esse tipo de amor de oração.

Em todos os outros casos, nossas orações são autoenganos.

Um prisioneiro condenado à forca chegou a uma prisão. Em breve, as suas orações a Deus passaram a ecoar por toda a prisão.

Antes do início do dia, suas devoções e orações começavam. Seu amor por Deus era ilimitado. Um fluxo ininterrupto de lágrimas fluía dos seus olhos quando ele estava orando. Um sentimento despertado pela separação e criado pelo seu amor por Deus, estava lá, em cada palavra de seus cânticos. Ele era um devoto de Deus, e logo os outros prisioneiros se tornaram seus devotos. O chefe da cadeia e os outros agentes carcerários começaram a lhe demonstrar respeito. Sua rotina de rezar a Deus continuava dia e noite. Seus lábios proferiam "Ram, Ram" enquanto ele estava se levantando, sentando-se ou em movimento.

As contas de seu rosário estavam sempre em suas mãos. Até seu xale tinha "Ram, Ram" impresso nele.

Sempre que o chefe da prisão fazia uma inspeção, ele encontrava o homem ocupado com suas devoções. Mas um dia, quando chegou, descobriu que, embora já estivessem no meio da manhã, o prisioneiro ainda dormia profundamente. Seu xale com "Ram, Ram" e seu rosário estavam largados num canto. O chefe da prisão achou que talvez ele não estivesse se sentindo bem. Mas, ao perguntar aos outros prisioneiros, ele soube que a saúde do prisioneiro ia bem, mas ninguém sabia por que suas orações a Deus tinham parado de repente desde a noite anterior.

O chefe da prisão acordou o prisioneiro e perguntou: "Já amanheceu faz muito tempo. Você não faz suas devoções e orações pela manhã?"

O prisioneiro respondeu: "Devoções e orações? Para que devoções e orações agora? Recebi uma carta de casa ontem dizendo que a pena de morte foi alterada para sete anos de prisão. O que eu queria que Deus fizesse ele já fez. Não é certo continuar incomodando o pobre colega".

60 O peso do ego

Quem pode impedir que o ser humano alcance a divindade? E quem pode prender o homem à terra?

Que poder é esse que não permite que o rio da vida chegue ao oceano?

Eu digo que é o próprio ser humano. O peso do seu ego não lhe permite subir mais alto. Não é a gravidade da Terra, mas o grande peso do seu ego que não permite que você se eleve. Estamos enterrados sob o nosso próprio peso e não conseguimos nos mover. A Terra somente tem poder sobre o corpo – a sua gravidade o prende –, mas o ego prende até mesmo a alma a esta terra. Seu próprio peso significa que a alma é incapaz, não tem poder para se elevar ao céu. Este corpo é feito de terra. Nasceu dele e fundiu-se com ele. Mas por causa do ego, a alma é privada da divindade, e por isso é desnecessariamente compelida a seguir o corpo.

Se a alma não pode alcançar a divindade, a vida se torna insuportavelmente dolorosa. A divindade é a única realização da alma. É a sua maior manifestação, e sempre que essa realização é obstruída, vem a dor. Quando o potencial do eu para se tornar verdade é obstruído, a dor vem, porque a plena manifestação do eu é felicidade.

Pense numa lamparina. Uma lamparina morta feita de barro. Mas a chama nela é imortal, é celestial. O que pertence à terra permanece na terra, mas a chama está se elevando constantemente rumo ao céu desconhecido. O corpo do homem é parecido, é feito de terra, mas a sua alma não é. A alma não é uma lamparina morta, mas uma chama imortal. Mas por causa do peso do ego, ela também não pode se elevar acima da terra.

Somente aqueles que não estão, em todos os aspectos, sobrecarregados pelo ego progredirão em direção à divindade.

Ouvi uma história...

Numa montanha muito alta e inacessível, havia um templo dourado dedicado a Deus. O sacerdote desse templo ficou velho e anunciou que a pessoa mais poderosa em toda a humanidade seria nomeada seu sucessor. Não havia oportunidade maior do que ser nomeado para esse cargo.

No dia marcado, os poderosos candidatos começaram a escalar a montanha. Quem chegasse ao templo primeiro, localizado como estava no topo da montanha, certamente se revelaria o mais poderoso.

Quando começaram a subir, cada concorrente estava carregando uma pedra nos ombros para mostrar sua força. Cada um deles estava carregando um peso que ele pensava representar seu poder. Era uma escalada difícil que duraria um mês. Havia o perigo de que vários candidatos pudessem perder a vida.

Talvez por essa mesma razão, havia uma atração pelo desafio. Centenas de pessoas começaram a testar a sua sorte e a resistência. Conforme os dias passavam, vários alpinistas foram deixados para trás. Alguns deles caíram em fendas e vales junto com suas pedras. Outros, depois de tanto esforço e exaustão, deixaram este mundo mortal ainda agarrados às suas pedras. Mas, mesmo assim, os pálidos e exaustos candidatos que restavam ainda se moviam com uma motivação irreprimível. Aqueles que ainda continuavam não tinham tempo para pensar naqueles que caíram, nem estavam em condições de fazer isso.

Mas um dia todos os escaladores ficaram surpresos ao ver que uma pessoa, que estava bem para trás, estava avançando e passando na frente deles bem rápido. Ela não carregava uma pedra nos ombros para mostrar sua força. Essa falta de peso devia ser a razão pela qual ela estava se movendo tão rapidamente: devia ter jogado sua pedra em algum lugar. Todos começaram a rir da sua tolice – porque qual a utilidade de uma pessoa atingir o topo se ela não estava mais carregando uma indicação da sua força?

Então, depois de uma difícil e dolorosa escalada de vários meses, quando os escaladores finalmente chegaram ao templo de Deus, não puderam acreditar no que viam. Eles viram esse homem não muito forte, que tinha jogado fora a sua pedra e chegara ao templo primeiro, tornara-se sacerdote do templo.

Antes que eles pudessem se queixar contra essa injustiça, o velho sacerdote lhes deu as boas-vindas e disse: "Apenas aquele que se libertou do peso do seu ego tem direito a entrar no templo de Deus. Esse jovem provou um tipo completamente novo de força. Um grande peso que representa o ego não é, na verdade, força. E eu, respeitosamente, pergunto a todos: quem lhes deu a ideia de levar pedras nos ombros antes de começarem a subir? E quando ele fez isso?"

Sobre **OSHO**

Osho desafia categorizações. Suas milhares de palestras abrangem desde a busca individual por significado até os problemas sociais e políticos mais urgentes que a sociedade enfrenta hoje. Seus livros não são escritos, mas transcrições de gravações em áudio e vídeo de palestras proferidas de improviso a plateias de várias partes do mundo. Em suas próprias palavras, "Lembrem-se: nada do que eu digo é só para você... Falo também para as gerações futuras".

Osho foi descrito pelo *Sunday Times*, de Londres, como um dos "mil criadores do século XX", e pelo autor americano Tom Robbins como "o homem mais perigoso desde Jesus Cristo". O jornal *Sunday Mid-Day*, da Índia, elegeu Osho – ao lado de Buda, Gandhi e o primeiro-ministro Nehru – como uma das dez pessoas que mudaram o destino da Índia.

Sobre sua própria obra, Osho afirmou que está ajudando a criar as condições para o nascimento de um novo tipo de ser humano. Muitas vezes, ele caracterizou esse novo ser humano como "Zorba, o Buda" – capaz tanto de desfrutar os prazeres da terra, a exemplo de Zorba, o Grego, como de desfrutar a silenciosa serenidade, como Gautama, o Buda.

Como um fio de ligação percorrendo todos os aspectos das palestras e meditações de Osho, há uma visão que engloba tanto a sabedoria perene de todas as eras passadas quanto o enorme potencial da ciência e da tecnologia de hoje (e de amanhã).

Osho é conhecido por sua revolucionária contribuição à ciência da transformação interior, com uma abordagem de meditação que leva em conta o ritmo acelerado da vida contemporânea. Suas singulares meditações ativas **OSHO**® têm por objetivo, antes de tudo, aliviar as tensões acumuladas no corpo e na mente, o que facilita a experiência da serenidade e do relaxamento, livre de pensamentos, na vida diária.

Dois trabalhos autobiográficos do autor estão disponíveis:

Autobiografia de um Místico Espiritualmente Incorreto, publicado por esta mesma Editora.

Glimpses of a Golden Childhood (Vislumbres de uma Infância Dourada).

OSHO International Meditation Resort

Localização

Localizado a cerca de 160 quilômetros a sudeste de Mumbai, na florescente e moderna cidade de Puna, Índia, o **OSHO** International Meditation Resort é um destino de férias diferente. Estende-se por 28 acres de jardins espetaculares numa bela área residencial cercada de árvores.

OSHO Meditações

Uma agenda completa de meditações diárias para todo tipo de pessoa, segundo métodos tanto tradicionais quanto revolucionários, particularmente as Meditações Ativas **OSHO**®. As meditações acontecem no Auditório **OSHO**, sem dúvida o maior espaço de meditação do mundo.

OSHO Multiversity

Sessões individuais, cursos e *workshops* que abrangem desde artes criativas até tratamentos holísticos de saúde, transformação pessoal, relacionamentos e mudança de vida, meditação transformadora do cotidiano e do trabalho, ciências esotéricas e abordagem "Zen" aos esportes e à recreação. O segredo do sucesso da **OSHO** Multiversity reside no fato de que todos os seus programas se combinam com a meditação, amparando o conceito de que nós, como seres humanos, somos muito mais que a soma de nossas partes.

OSHO Basho Spa

O luxuoso Basho Spa oferece, para o lazer, piscina ao ar livre rodeada de árvores e plantas tropicais. Jacuzzi elegante e espaçosa, saunas, academia, quadras de tênis... tudo isso enriquecido por uma paisagem maravilhosa.

Cozinha

Vários restaurantes com deliciosos pratos ocidentais, asiáticos e indianos (vegetarianos) – a maioria com itens orgânicos produzidos especialmente para o Resort **OSHO** de Meditação. Pães e bolos são assados na própria padaria do centro.

Vida noturna

Há inúmeros eventos à escolha – com a dança no topo da lista! Outras atividades: meditação ao luar, sob as estrelas, shows variados, música ao vivo e meditações para a vida diária. Você pode também frequentar o Plaza Café ou gozar a tranquilidade da noite passeando pelos jardins desse ambiente de contos de fadas.

Lojas

Você pode adquirir seus produtos de primeira necessidade e toalete na Galeria. A **OSHO** Multimedia Gallery vende uma ampla variedade de produtos de mídia **OSHO**. Há também um banco, uma agência de viagens e um Cyber Café no *campus*. Para quem gosta de compras, Puna atende a todos os gostos, desde produtos tradicionais e étnicos da Índia até redes de lojas internacionais.

Acomodações

Você pode se hospedar nos quartos elegantes da **OSHO** Guesthouse ou, para estadias mais longas, no próprio *campus*, escolhendo um dos pacotes do programa **OSHO** Living-in. Há, além disso, nas imediações, inúmeros hotéis e *flats*.

http://www.osho.com/meditationresort
http://www.osho.com/guesthouse
http://www.osho.com/livingin

Para mais informações:
http://www.OSHO.com

Um *site* abrangente, disponível em vários idiomas, que disponibiliza uma revista, os livros de Osho, palestras em áudio e vídeo, **OSHO** biblioteca *on-line* e informações extensivas sobre o **OSHO** Meditação. Você também encontrará o calendário de programas da **OSHO** Multiversity e informações sobre o **OSHO** International Meditation Resort.

Websites:
   http://OSHO.com/AllAboutOSHO
   http://OSHO.com/Resort
   http://OSHO.com/Shop
   http://www.youtube.com/OSHOinternational
   http://www.twitter.com/OSHO
   http://www.facebook.com/pages/OSHO.International

   Para entrar em contato com a **OSHO** International Foundation:
   http://www.osho.com/oshointernational
   E-mail: oshointernational@oshointernational.com